Editorial

Liebe Leserinnen und Leser,

Der Ginkgo (Ginkgo biloba) ist eine in China heimische, heute weltweit angepflanzte Baumart. Der Ginkgo gilt seit Langem als kraftspendend und lebensverlängernd.

Vor Kurzem besuchte ich eine liebe Bekannte in Wiesbaden. Beim Abschied fielen mir wieder, wie schon am Tag zuvor, die vielen Ginkgo-Blätter vor der Haustür auf, die zu meinen Füßen, zusammen mit den Blättern vom Nachbarbaum, einen heitergelben Teppich bildeten. Spontan nahm ich ein Blatt auf, steckte es in meine Tasche. Während der Zugfahrt betrachtete ich dieses milde Gelb des Blattes und seine eigenwillige Form, die schon Johann Wolfgang von Goethe zu einem Gedicht animierte. Inzwischen liegt es in meinem Portemonnaie – manchmal nehme ich es heraus – eine sonnige Herbsterinnerung, die mit ihrer geteilten Zweisamkeit eine besondere Wirkung entfaltet. Seit Jahrhunderten verehren die Chinesen und Japaner den Ginkgo wegen seiner Lebenskraft und Wunderverheißungen. Die zweiteiligen Blätter gelten als ein Symbol für Liebe und Freundschaft und vereinen Sanftheit und Robustheit. So begleitet mich nun Yin und Yang tagtäglich – vereint in diesem Blatt.

Sicherlich haben auch Sie die eine oder andere Herbstfarbe aufgehoben und mitgenommen: noch einmal in der Vielfalt schwelgen, bevor die gedämpfte winterliche Gemütlichkeit einsetzt! Vielleicht wäre genau jetzt in der vorweihnachtlichen Geschäftigkeit die Zeit, das eine oder andere Haiku in unserer SOMMERGRAS-Ausgabe für sich zu entdecken?

Ich wünsche Ihnen Kraft und Lebensfreude für die anstehenden Wintertage und das kommende Jahr 2018!

Ihre Claudia Brefeld

Inhalt

EDITORIAL 3
Haiga: Kerstin Hirsch 5

HAIKU-KALEIDOSKOP
Klaus-Dieter Wirth: Grundbausteine des Haiku (XXX) Metonymie ... 6
Eleonore Nickolay: Französische Ecke 13
David Cobb: Eine Interpretation von „Ein zielloser Spaziergang" 16
Horst Ludwig: Meine Eckkneipe zu einem Haiku von Taiki Haijin ... 19
Horst Ludwig: Mit Ohr und Auge zu einem Haiku von Tr. Veran 20
Ruth Karoline Mieger: In die Irre geführt 21
Haiga: Kerstin Hirsch 23
Haiga-Aufruf – Ein Haiku zu einem Foto 24
Aufruf zum Weiterdichten 26

NACHRUF
Conrad Miesen: auf Flandrina von Salis 27

LESERTEXTE
Ausgezeichnete Werke 31
Haiku- und Tanka-Auswahl 32
Mitgliederseite 45
Haibun 47
Tan-Renga 52
Rengay 55
Kettengedichte 58

HAIKU UND TANKA AUS DEM INTERNET 61

REZENSIONEN
Rüdiger Jung: Die erwachsenen Jahre von Reiner Bonack 65
Rüdiger Jung:: Im ausgewilderten Licht von Volker Friebel 68
Haiga: Angelika Holweger 72

Deutsche Haiku-Gesellschaft e.V.

Die Deutsche Haiku-Gesellschaft e.V.[1] unterstützt die Förderung und Verbreitung deutschsprachiger Lyrik in traditionellen japanischen Gattungen (Haiku, Tanka, Haibun, Haiga und Kettendichtungen) sowie die Vermittlung japanischer Kultur. Sie organisiert den Kontakt der deutschsprachigen Haiku-Dichter/-innen untereinander und pflegt Beziehungen zu entsprechenden Gesellschaften in anderen Ländern. Der Vorstand unterstützt mehrere Arbeits- und Freundeskreise in Deutschland sowie Österreich, die wiederum Mitglieder verschiedener Regionen betreuen und weiterbilden.

[1]Mitglied der Federation of International Poetry Associations (assoziiertes Mitglied der UNESCO), der Haiku International Association, Tôkyô, der Gesellschaft für zeitgenössische Lyrik e.V., Leipzig, Ehrenmitglied der Haiku Society of America, New York.

Anschrift	Deutsche Haiku-Gesellschaft e.V., z. Hd. Stefan Wolfschütz, Postfach 202548, 20218 Hamburg
	Vorstand:
Info/DHG-Kontakt und Redaktion	Claudia Brefeld, Auf dem Backenberg 17, 44801 Bochum, Tel.: 0234/70 78 99, E-Mail: claudia.brefeld@dhg-vorstand.de
Redaktion	Eleonore Nickolay, 78, Avenue du Général Leclerc, F-77360 Vaires sur Marne, Tel.: 0033/160202350, E-Mail: eleonore.nickolay@dhg-vorstand.de
Kassenwartin	Petra Klingl, Wansdorfer Steig 17, 13587 Berlin, Tel.: 030/5618694, E-Mail: petra.klingl@dhg-vorstand.de
---	Peter Rudolf, Gartenweg 6, CH-4143 Dornach, Tel.: 0041/617021895, E-Mail: peter.rudolf@dhg-vorstand.de
Website	Stefan Wolfschütz, Curschmannstraße 37, 20251 Hamburg, Tel.: 040/477965, E-Mail: stefan.wolfschuetz@dhg-vorstand.de
	Brigitte ten Brink, Kelhofstr.1, 78465 Konstanz, Tel.: 07533/998722, E-Mail: brigitte.tenbrink@dhg-vorstand.de
Internationale Kontakte	Klaus-Dieter Wirth, Rahserstraße 33, 41747 Viersen, Tel.: 02162/12243, E-Mail: kd.wirth@dhg-vorstand.de
	Sowie:
Redaktion	Simone K. Busch, E-Mail: Simone.K.Busch@web.de
Öffentlichkeitsarbeit	Dr. Beate Wirth-Ortmann, E-Mail: drw-o.haiku@t-online.de
Bankverbindung:	Landessparkasse zu Oldenburg, BLZ 280 501 00, Kto.-Nr. 070 450 085 (BIC: SLZODE22XXX IBAN: DE97 2805 0100 0070 450085)

Bibliografische Information der Deutschen Nationalbibliothek:
Die Deutsche Nationalbibliothek verzeichnet diese Publikation in der Deutschen Nationalbibliografie; detaillierte bibliografische Daten sind im Internet über dnb.dnb.de abrufbar.

©2017 Deutsche Haiku-Gesellschaft
Herstellung und Verlag: BoD –
Books on Demand, Norderstedt
ISBN 978-3-7392-2591-3

BERICHTE
Ulrich George: Regionalgruppe ‚NORDWIND' 73
Rita Rosen: Haiku-Kreis Wiesbaden: Tan-Renga-Workshop 74
Klaus-Dieter Wirth: Das Jahrestreffen des „Haiku-Kreises Niederland" 77
Haiga: Gabriele Hartmann 78

MITTEILUNGEN 79

Haiga: Kerstin Hirsch

Haiku-Kaleidoskop

Klaus-Dieter Wirth

Grundbausteine des Haiku (XXX)
dargestellt an ausgewählten Beispielen

Metonymie

Heute wird kaum noch zwischen der Metonymie (griech. *metonymía* = Namensvertauschung, Umbenennung) und der Synekdoché (griech. = Mitverstehen, Mitaufnehmen eines Ausdrucks durch einen anderen) unterschieden. Beide sind als rhetorische Figuren uneigentliche Redeweisen, die jedoch nicht wie bei der Metapher durch einen „ersetzenden Vergleichssprung" zu ihrer eigentlich intendierten Bedeutung gelangen, sondern *„durch eine Vertauschung inhaltlich verwandter oder zueinander in Beziehung stehender Begriffe".*[1] Nehmen wir die lateinische Übertragung des Begriffs hinzu, Pars pro toto (= Teil für das Ganze), so erschließt sich schnell, was letztlich gemeint ist, nämlich die *„Ersetzung des eigentlichen Wortes durch ein anderes, das zu ihm in realer Beziehung steht, also in einem zeitlichen, räumlichen, ursächlichen, logischen oder erfahrungsgemäßen Zusammenhang."*[2] Auf diese Weise *„ist eine Verschiebung vorzunehmen, sei es vom Teil auf ein Ganzes (Herd für Haus und Familie), vom Stoff auf das Produkt (Traube für Wein), von einem körperlichen Indiz auf den ganzen Träger oder eine Menschengruppe (weißes Haar für Alter, Blaustrumpf usf.), vom Autor auf das Werk (Homer lesen), vom Urheber bzw. Mittel auf das Ergebnis (Zunge für Sprache, Hand für Handschrift) usf. Aber auch das Umgekehrte kann der Fall sein, daß wir vom Allgemeinen zum Besonderen gehen müssen (Sterbliche für Menschen)."*[3] So geschieht die jeweilige Umbenennung des Begriffsinhalts durch Veränderung seines Begriffsumfangs innerhalb desselben Feldes,

---

1 Best, Otto F.: *Handbuch literarischer Fachbegriffe* – Definitionen und Beispiele, Frankfurt am Main (Fischer) ²1973, S. 277.
2 von Wilpert, Gero: *Sachwörterbuch der Literatur*, Stuttgart (Kröner) 1959, S. 570 f..
3 Kayser, Wolfgang: *Das sprachliche Kunstwerk*, Bern und München (Francke) ⁶1960, S. 112.

indem man symptomatisch statt der Gesamtvorstellung das Einzelmerkmal heraushebt, damit die Bedeutungsvorstellung konkretisiert wird.

In the spring rain
a straw cape and an umbrella
walk on, talking to each other
    Yosa Buson (JP)
    (Übers. W. S. Mervin/Takako Lento)

Im Frühlingsregen:
Ein Schirm, ein Regenmantel
gehen, plaudern.
    (Übers. Dietrich Krusche)

Zo'n waterjuffer –
haar gezicht is anders niets
dan grote ogen.
    Chisoku (JP)
    (Übers. J. van Tooren)

Die Wasserjungfer –
ihr Gesicht nichts anderes
als große Augen.

Ils me transpercent encore –
les yeux que le serpent
a laissés dans l'herbe.
    Takahama Kyoshi (JP)
    (Übers. Corinne Atlan/Zéno Bianu)

Die Schlange glitt davon,
doch ihre Augen
blieben im Gras.
    (Übers. Dietrich Krusche)

Brisa fresca …
llenando el firmamento
la voz de los pinos.
    Onitsura ((JP)
    (Übers. Vicente Haya)

Frische Brise …
füllt das Firmament
die Stimme der Föhren

Ce sang frais par terre
C'est ce qui reste des raies
après les enchères
    Hashimoto Takako (JP)
    (Übers. Makoto Kemmoku/Patrick Blanche)

Dieses frische Blut auf dem Boden
Das, was bleibt von den Rochen
nach der Versteigerung

un chapeau en bambou
traverse le champ de millet
quelle chaleur!
    Yayu (JP)
    (Übers. Hervé Collet/Cheng Wing fun)

Umzug ins Heim –
sie packt ihr ganzes Leben
in einen Koffer
    Christa Beau (DE)

schichtende –
das fabriktor entlässt
lange schatten
    Claudia Brefeld (DE)

Beim Ärztekongress
mitten im Vortrag meldet sich
ein Magen
    Hannah Wilhelm (DE)

na al die jaren
nog steeds aan oma's kapstok –
zijn lievelingspet
    Henk Arnold (NL)

achter mijn rug
hobbelt haar stemmetje mee
over de keien
    Marlène Buitelaar (NL)

naar de hoofdstad
de coupé van de trein vol
vreemde talen
    Leidy de Boer (NL)

ein Hut aus Bambus
durchquert ein Hirsefeld
was für eine Hitze!

Garten der Steine
Ein alter Mann harkt
das Universum
    Reiner Bonack (DE)

spaziergang
unablässig redet
der schirm
    René Possél (DE)

Aufstieg zum Fuji
Stirnlampen im Gänsemarsch
zum Sonnenaufgang
    Klaus-Dieter Wirth (DE)

nach all den Jahren
noch immer an Omas Garderobe –
seine Lieblingskappe

hinter meinem Rücken
holpert ihr Stimmchen mit mir
über die Kiesel

Richtung Hauptstadt
das Zugabteil voll von
fremden Sprachen

Tussen regenschermen
wandelt een natte hoed
eenzaam door de straat.
   Willy Cuvelier (BE)

Zwischen Regenschirmen
spaziert ein nasser Hut
einsam durch die Straße.

twee paar schoenen
stampen de kou de grond in
bij de bushalte
   Marianne Kiauta (NL)

zwei Paar Schuhe
stampfen die Kälte in den Grund
Bushaltestelle

shark tattoo
dived from the high board –
scent of chlorine
   Max Verhart (NL)

ein Haifischtattoo
getaucht vom hohen Sprungbrett –
Chlorgeruch

speckled egg …
all of the bird
in the palm of my hand
   Edith Bartholomeusz (US)

gesprenkeltes Ei …
der ganze Vogel
in meiner Handfläche

wind shows itself
in a
plastic bag
   Terran Campbell (US)

der Wind, er zeigt sich
in einer
Plastiktüte

sudden rain
at the bus stop, a sports page
talks to the fashion news
   Cor van den Heuvel (US)

plötzlicher Regenschauer
an der Bushaltestelle, eine Sportseite
spricht mit den Modeneuigkeiten

delayed train
a waiting room full
of mobiles
   Claire Knight (GB)

verspäteter Zug
ein Warteraum voller
Handys

bartender's long sad story
my beer
does the listening
    Marsh Muirhead (US)

laundry room
folding together
apartments
    Peter Newton (US)

the beached whale
carries an ocean
still in its eye
    Bill Pauly (US)

found photograph …
the silent reminder
of a lost smile
    Thomas Powell (GB)

market stall
buying the smell
of tomatoes
    Lynne Rees (GB)

in the dark cellar
rows of Mason jars
holding summer
    Edward J. Reilly (US)

meadowlark –
all you'll ever need to know
about sunrise
    Chad Lee Robinson (US)

---

des Barkeepers lange, traurige
Geschichte
mein Bier
übernimmt das Zuhören

Waschraum
das Zusammenfalten
von Geschosswohnungen

der gestrandete Wal
in seinem Auge
noch ein Ozean

gefundenes Foto …
die stille Erinnerung
an ein verlorenes Lächeln

Marktstand
ich kaufe den Geruch
von Tomaten

im dunklen Keller
Reihen von Einweckgläsern
mit dem Sommer darin

Lerchenstärling –
alles, was du jemals wissen musst
über den Sonnenaufgang

freshly mowed
the cemetery grass
a tombstone's birthday
   George Swede (CA)

frisch gemähtes
Friedhofsgras
Geburtstag eines Grabsteins

le panier d'osier
ne ronronne plus
fin d'une complicité
   Jean Antonini (FR)

der Weidenkorb
schnurrt nicht mehr
Ende einer Komplizenschaft

griffes refermées
l'aigle emporte au ciel
un peu de mer
   Huguette Ducharme (CA)

die Krallen geschlossen
trägt der Adler zum Himmel
ein bisschen vom Meer

fin du jour
trois générations
sur la corde à linge
   Gérard Dumon (FR)

Ende des Tages
drei Generationen
auf der Wäscheleine

sur la commode
tes lunettes
sans ton regard
   Joanne Morency (CA)

auf der Kommode
deine Brille
ohne deinen Blick

belle en botte
sur son passage
mon parapluie se retourne
   Philippe Quinta (FR)

Schönheit in Stiefeln
als sie vorbeigeht,
dreht sich mein Schirm um

vestige de l'hiver
au centre de la cour
un bout de carotte
   Jimmy Poirier (CA)

Winterrelikt
in der Mitte des Hofes
das Ende einer Möhre

Tienda de especias.
Me llevo sin pagar
todo el aroma.

    Susana Benet (ES)

Fären bräker milt,
mina armar minns känslan
att hälla ett barn

    Jan Dunhall (SE)

From telegraph lines
even the last note
has flown away.

    Ivan I. Ivančan (HR)

Con las cenizas
los pétalos se alejan
sobre las olas.

    Patricia Marrades (ES)

autumn in old Prague
groups of umbrellas
learning history

    Boris Nazansky (HR)

The remains of summer
Buzzing between the pane
and the curtain

    Zvonko Petrović (HR)

Gewürzladen.
Ich nehme ohne zu bezahlen
das ganze Aroma mit.

Blökende Lämmer
meine Arme erinnern sich
wie sich ein Kind anfühlt

Davongeflogen
von den Telegrafendrähten
sogar die letzte Note

Mit der Asche
entfernen sich die Blütenblätter
auf den Wellen.

Herbst im alten Prag
Gruppen von Schirmen
lernen Geschichte

Die Reste des Sommers
summend noch zwischen der Scheibe
und dem Vorhang

Eleonore Nickolay

Die französische Ecke

Der menschliche Körper ist das Thema der 57. Ausgabe von GONG, der Zeitschrift der Frankofonen Haiku-Gesellschaft. Isabel Asúnsolo führt im theoretischen Teil einige Beispiele japanischer Haiku auf. Sie zeigen, dass der menschliche Körper immer schon thematisiert wurde, und zwar in einer klaren, direkten und bisweilen tabulosen Sprache:

Mon enfant nu Mein nacktes Kind
se réjouit erfreut sich
de ma nudité meiner Nacktheit
   Chiba Kôshi

Quel ennui, Wie ärgerlich,
ces seins! diese Brüste!
Longues saison des pluies Lange Regenzeit
   Nobuko Katsura

Même Selbst
lorsque mon père mourait als mein Vater starb
je pétais furzte ich
   Yamazaki Sôkan

Weitaus behutsamer, aber nichtsdestoweniger variationsreich, gehen die Autoren in ihren eingesendeten Haiku mit dem Thema „Körper" um:

short en dentelles Spitzenhöschen
à contre-jour im Gegenlicht
le duvet de ses cuisses der Flaum ihrer Schenkel
   Dominique Borée

sur ta peau	auf deiner Haut
un parfum	ein Parfüm
– unconnu	– das ich nicht kenne
Chantal Coulilou	
sa silhouette	seine Silhouette
dans le brouillard	im Nebel
de l'écographie	des Ultraschalls
Patrick Fétu	
Au bord de la mer	Am Meeresstrand
Les larmes,	Die Tränen,
Encore plus salées	Noch salziger
Jean-Marc Durand	
chevilles griffées	zerkratzte Knöchel
le panier d'osier	der Weidenkorb
s'emplit de mûres	füllt sich mit Brombeeren
Danièle Duteil	
entretien d'embauche	Einstellungsgespräch
qu'est-ce que dit	was sagt
son langage corporel?	seine Körpersprache?
Kent Neal	

Zusätzlich zur regulären Ausgabe beschert der Oktober den Lesern eine Sonderausgabe mit dem Ergebnis des diesjährigen Wettbewerbs zum Thema „Lärm – Stille" und zu einem freien Thema mit „wabi", einem sehr komplexen Begriff, der die stille Schönheit im Einfachen, Schmucklosen, Genügsamen ausdrückt und einhergehen kann mit Gefühlen von Traurigkeit und Melancholie, aber ebenso zur Bescheidenheit und Gelassenheit führen kann.

Hier drei Beispiele zum Thema „Lärm – Stille":

silence glacial
nos chemins se séparent
sous la neige
    Pascale Galichet

eisige Stille
unsere Wege trennen sich
im Schnee

pluie sur le lac
dans le silence
l'eau parle à l'eau
    Danielle Noreau

Regen auf dem See
in der Stille spricht
das Wasser zum Wasser

Sans emploi –
si lourd au petit matin
les pas du voisin
    Sandrine Waronski

Arbeitslos –
so schwer am frühen Morgen
die Schritte des Nachbarn

Zum Thema „wabi":

solitude d'hiver
près de la mienne
sa tasse ébréchée
    Angèle Lux

Wintereinsamkeit
neben der meinen
seine angeschlagene Tasse

les pages jaunies
une fleur y a séché
des larmes aussi
    Etienne Pfender

vergilbte Seiten
eine Blume ist dort getrocknet
und Tränen auch

éblouissement
il neige
sur l'oiseau mort
    Coralie Creuzet

Blendung
es schneit
auf den toten Vogel
    2. Platz

David Cobb*

Eine Interpretation von „Ein zielloser Spaziergang"
Übersetzung ins Deutsche von Claudia Brefeld

an aimless stroll
pockets that slowly fill
with small round stones

ein zielloser Spaziergang
Taschen, die sich langsam füllen
mit kleinen runden Steinen

Vor Kurzem fand ein von einem japanischen Sponsor organisierter Haiku-Wettbewerb (28th ITO EN Oi Ocha New Haiku Contest) in englischer Sprache statt, der nicht weniger als 18.345 Eingänge aus 46 Ländern umfasste. Die Jury, japanische und englische Muttersprachler, hatte die größte Herausforderung, den einen „Gewinner" zu ermitteln. Die unterschiedlichen Englischkenntnisse der Teilnehmer haben sicherlich eine Rolle bei der Auswahl gespielt. Die japanische Verehrung des Alters mag ebenfalls ausschlaggebend gewesen sein, denn die Teilnehmer wurden aufgefordert, ihr Alter zu nennen. Wie auch immer, es war das oben zitierte Haiku, welches sich letztendlich durchsetzte.

    Es gab Geld- und Sachpreise für das Gewinner-Haiku, aber was den Autor besonders erfreute, war die Beurteilung der Jury: Sie sagten, das Haiku sei „tief". Dies mag für eine Mehrheit der englischen Leser, die mit diesem oder einem anderen Haiku konfrontiert werden, unglaublich sein. Sogar sehr erfahrene Liebhaber aller Arten von Poesie haben vielleicht Schwierigkeiten, in einem sogenannten Gedicht aus elf kleinen Wörtern etwas „Tiefes" zu finden, das nicht einmal zu einem richtigen Satz konstruiert wurde. Tief? Eher wie inkonsequent?

    Man muss sich zuerst von der Vorstellung lösen, dass ein Gedicht „etwas bedeuten" soll und „sagt, was es bedeutet". Nehmen Sie stattdessen die Idee an, dass ein Haiku nicht von dem abhängt, was es *sagt*, sondern von dem, was es *suggeriert* – seine Kraft, etwas zu evozieren. Also eher wie eine Parabel.

Wir könnten damit beginnen, über die Wahrhaftigkeit des Haiku nachzudenken, sie auf Zweideutigkeit zu untersuchen. Ob Menschen heutzutage darüber diskutieren, inwieweit Wahrheit möglich ist, ob „Ziellosigkeit" eine Lüge, eine Illusion ist? Nicht mehr als eine momentane Stimmung, bevor wir vom unablässigen menschlichen Bedürfnis eingeholt werden, sich beschäftigen zu wollen? Könnte das Haiku diesbezüglich wie eine Metapher für das Leben im Allgemeinen anmuten? Dies ist genau das, was die Jury festgestellt hat, und ergänzte zu „tief" die Bemerkung, dass „dieses Haiku eine Verbindung zu den Erinnerungen herstellt, die während eines langen und erfüllten Lebens gesammelt wurden". Ist dem Dichter vielleicht bewusst, dass jemand eher ziellos durch das Leben geschlendert ist? Entdecken Sie Bedauern, Vergnügen oder nur Resignation?

Es sind die „kleinen, runden Steine", die diese Verbindung mit einem guten oder anderweitig gelebten Leben verkörpern. Sie sind, nach den Worten von T. S. Eliot „korrelierende Objekte", Dinge, mit der mitgegebenen Fähigkeit, als offene Metaphern für abstrakte Eigenschaften zu fungieren. Während die Steine klein sein müssten, um in die Taschen zu passen, und ihre Kleinheit auf Bedeutungslosigkeit hindeuten könnte, könnte ihre Rundheit aber auch die Art und Weise implizieren, wie wir unsere Lebensgeschichten (Anekdoten) im Laufe der Zeit formen und sie so „sammelwürdig", ja sogar „salonfähig" machen. Sie sind Schätze.

Bedenken Sie auch, dass ein „kleiner runder Stein" selbst eine lange Geschichte haben kann. Bei näherem Hinsehen können wir eine Mischung von Ablagerungen entdecken, genau genommen nur Spuren, die sich zu einer Abfolge von geologischen „Zeitaltern" übereinander gelagert haben, ähnlich wie die „Ringe eines Baumes" – aber noch erstaunlicher.

Als Nächstes kann der Kritiker feststellen, dass der Dichter (der nicht als er oder sie identifiziert wird) dieses Haiku nicht *innehat,* d. h. es wird nicht gesagt: „Meine Taschen füllen sich langsam."

Der Dichter bringt sich nicht mit einer bestimmten „Nachricht" ein, wie wir es gewöhnlich in vielen englischen Texten finden, z. B. Wordsworths Entschuldigung, sich auf einem Sofa auszuruhen, oder wenn W. H. Davies uns drängt, zu stehen und zu starren. Das Sammeln von „kleinen runden Steinen" kann eine Metapher für die sich zufällig gemerkten Vorfälle in seinem Leben sein, aber das ist nur eine von vielen Interpretationen, die für den Leser denkbar sind. Es könnte auch eine genauere Bestandsaufnahme all dessen sein, was jemand gebraucht hat, um sein Leben zu bewältigen.

In ihrem Urteil bemerkte die Jury auch den Wert der Alliteration im Gewinner-Haiku: die Abfolge von Zeile zu Zeile von st-, sl- und sm-. Die Melodie geht aber tatsächlich viel tiefer: Es gibt die Alliteration beruhigender l-Klänge *innerhalb* der Wörter und ihren Endungen in „aimless", „stroll", „fill", „small". Am emotionalsten sind jedoch die langen (zeitaufwendigen) o-Vokale in in „stroll", „slowly", „stones", je einer in jede der drei Zeilen, welche die drei dislozierten Zeilen zu einem Gedicht zusammenfügen.

Rhythmus ist außerdem ein Bestandteil: Die erste Zeile scheint nach unten zu treiben und kurz einzunicken, bis uns „pockets" (ein wenig explosiv!) aufrüttelt. Wenn man das Haiku laut liest, möchte man vielleicht eine kleine Pause vor dem letzten Wort einfügen. Dies würde auf die überraschende Plötzlichkeit von „stones" hinweisen. Vielleicht war man sich der Erwartung sicher, dass etwas „hübscheres" kommt? Es gibt so viele andere Dinge, die ein umherziehender Dichter in eine Tasche stecken könnte – manche mehr, manche weniger attraktiv, manche sogar lächerlich, z. B. Rosskastanien, Haselnüsse, Toffee-Papiere, Zigarettenkippen. Ein Versuch:

ein zielloser Spaziergang
Taschen, die sich langsam füllen
mit Lottoscheinen

Zum Glück – wahrscheinlich wird kein Leser des Haiku auf den ersten Blick oder beim ersten Hören alle Punkte dieser Interpretation bemerken. Denn wie Keats es ausdrückte: „Wir ermorden, um zu sezieren."

*Gründungsmitglied und Präsident der British Haiku Society (1997–2002). Autor und Gewinner des Haiku sind identisch.

Horst Ludwig

Meine Eckkneipe
zu einem Haiku von Taiki Haijin (SOMMERGRAS 117, S. 47 f.)

Ich lese

Eckkneipe –
ihre Trauerränder zum
Gruß aus der Küche

ganz anders als der Kommentar dazu in SOMMERGRAS 117, 2017, 47f. Bei mir ist da nichts „*mit einem guten Essen*" als Selbstbelohnung eines Gastes nach seinem „*arbeitsreichen Tag*" und dem Genuss seines Bieres, edel abgefüllt mit steifem Schaum. Ich lese „*ihre*" nicht als weiblich, sondern als Mehrzahl, und da sitzen nicht in einem Gasthaus oder einem Restaurant, wo man besser isst, sondern eben in einer Eckkneipe genau die „*handwerklichen*" Arbeiter, deren Trauerränder trotz Seife und schneller Bürste immer noch zu sehen sind, was eine Dame sicher negativ beeindrucken würde. Aber sie bestellen ihre Sülze mit Bratkartoffeln und die weit über den Tellerrand ragende Bockwurst mit Kartoffelsalat, und die kommen dann mit Gruß aus der Küche, letztere vielleicht auch mit der bekannten anzüglichen Bemerkung, zu beidem aber der freundliche Wunsch für einen guten Appetit. So nämlich isst einer in seiner Eckkneipe, beides mit scharfem Senf und, naja, mit auch nicht eben ganz sauberen Fingernägeln. Und weil er mal der Geschirrabräumung gesagt hatte, auf deren „Hat's geschmeckt?" hin, „Ja, das war sehr gut", kommt jetzt sein Essen immer mit „*Gruß aus der Küche.*" Da ist nämlich eine, die sich deshalb schon etwas an ihn erinnert, aber die hat bei ihrer Arbeit natürlich keine Trauerränder. Alles, wie's auch in einer Eckkneipe einfach ebenso ist; nichts etepetete. Übrigens, zu „*Wie man auch nicht jedem Gaul ins Maul schaut, wollen wir auch nicht unbedingt wissen, wie es unter der Blumenwiese oder dem Sternenhimmel ausschaut*": Doch, wenn auch vielleicht nicht absolut „unbedingt", aber wissen will man das schon. Das gehört zu einem dazu. Deshalb bin ich auch in der Welt herumgekommen, und wo ich wohne, da haben wir demnächst die Nobel-Konferenz 54 zu *Living Soil: Solid Universe Underfoot* (Lebendiger Boden, Festes All unter unsern Füßen; 2./3. Okt. 2018; sicher übers Internet zugänglich). Aber wenn ich mal zurückkomme, dann will ich in der Eckkneipe immer meine Sülze mit Bratkartoffeln. Und tatsächlich, die erkennen mich sogar wieder und wissen immer noch gleich, was ich will. Die andern sind, meine ich, zumeist andre; aber auch sie haben immer noch nicht ganz saubere Fingernägel. Und mit manchen kommt man etwas ins Gespräch. Auch das kann einem ja einiges Relevante sagen.

Horst Ludwig

Mit Ohr und Auge
zu einem Haiku von Traude Veran (SOMMERGRAS 117, S. 54)

die Pausenklingel
befreit Schrillen und Zwitschern
aus schmalen Körpern

Eigentlich mag ich im Haiku nicht die Personifikation einer Sache. Die bringt mir schon zu viel Autoreninterpretation der Sache ein, wo ich doch gern die Sache selbst in mir eine Lesart erregen ließe. Und hier also „befreit" die Pausenklingel was, obwohl sie rein sachlich nur laut klingelt und damit den Beginn einer Pause vom Unterricht anzeigt.

Aber welcher Grundschullehrer erfährt ihn nicht auch immer wieder, den Übergang von den doch wichtigen und wohlgesetzten eigenen Worten ins lautliche Durcheinander auf Seiten der Kinder, deren geistige Entwicklung eigentlich doch die gesellschaftliche Aufgabe des ganzen Schulunternehmens ist. Da mögen die Körper noch so schmal sein, – plötzlich ist da geistige Bewegung, die sich hören lässt. Zivilisiert sogar trotz allem etwas, naja, schrill schallt was zwar, aber keiner jedenfalls schreit, – auch wenn's klanglich dem genau dem Text Zuhörenden mit „befreit" doch merklich nahe dargestellt ist. Und wegen dieser klanglichen Nähe akzeptiere ich nicht nur, sondern begrüße sogar die Personifikation, die damit als Aufbauteil im Haiku wirkt. – Und weiter geht's mit feiner Arbeit mit dem Lautlichen hier: „Schrillen und Zwitschern", in dieser Reihenfolge, nicht etwa umgekehrt. Die Autorin hört also genau hin, mit gutem Verständnis der Zeitfolge und gekonntem lautmalerischen Ausdruck für das, was hier momentan Sache ist. Und das sind die kleinen Wesen mit ihren „schmalen Körpern" zum Beginn der Pause vom Unterricht.

Wobei das Auge sogar gern etwas übersieht. So zivilisiert nämlich das ganze Unternehmen Grundschule hier auch ist, ich weiß, nicht alle Kinderchen da haben Normalgewicht oder etwas weniger, – einige sind überernährt, manche sogar sehr, oder sind aus anderen Gründen etwas schwerer, nicht wahr, ja. Aber auch die erheben sich Gott sei Dank ebenfalls ziemlich mühelos, um die Kulturstätte Klassenzimmer wie die andern auch schrill und zwitschernd zu verlassen. Und zurückbleibt eben der Eindruck, dass alle diese lieben Kleinen doch alle noch wirklich recht klein sind.

Ruth Karoline Mieger

In die Irre geführt

Im SOMMERGRAS Nr. 117 (Juni 2017) kommentierte Claus Hansson mein Haiku *Klangrad*.

im Klangrad
ein Marienkäfer berührt
die Stille

Auf der Suche nach dem Begriff *Klangrad* führte ihn Google auf eine falsche Fährte. Bei Google fand Claus Hansson das *Klangrad* als Lerntool.

Das *Klangrad*, das ich sah und hörte, ist ein Metallrad mit Speichen, das von einem Musiker und Klangkünstler bespielt wurde. Je nach Material des Anschlaggerätes werden unterschiedliche Klänge erzeugt. In einer längeren Spielpause landete ein Marienkäfer auf einer Speiche …

Nachdem ich Claus Hansson mein Erlebnis schilderte, regte er an, die unterschiedlichen Deutungsmöglichkeiten allen Leserinnen und Lesern vorzustellen. Daraufhin bat ich die weiteren Jury-Mitglieder, mir ihre Assoziationen zu dem Haiku mitzuteilen.

Hier die Antworten:

Valeria Barouch
„Klangrad? Auf den ersten Blick sprach mich dieses Haiku nicht an, da ich nicht wusste, was ich unter diesem Wort verstehen sollte. Google belehrte mich dann, dass es sich um ein Lerntool für das aufmerksame Zuhören handelt, Bereich Frühförderung und Grundstufe. Das hat dann meine Fantasie beflügelt, besonders der Hinweis „Frühförderung, Grundstufe". Vor meinem geistigen Auge tat sich sogleich ein Klassenzimmer auf, das auf seine Schüler wartet. Es ist früh, und es herrscht noch überall Stille. Ein Marienkäfer lässt sich auf dem Tool nieder. Ein Bild von Ruhe vor dem „Sturm".

Wie ich heute bei erneuter Suche feststellen konnte, lag die richtige Lösung ganz nahe. Wäre meine Maus ein bisschen weiter nach unten gewandert, wäre sie auf YouTube und das Speichenrad gestoßen. Aber eben, als Autor kann man sich nicht darauf verlassen, dass der unkundige Leser überhaupt nachsucht, und wenn er es tut, dass er auch sämtliche Möglichkeiten durchgoogelt. Will man sicher gehen, verstanden zu werden, kann man natürlich dem Haiku eine Erklärung beifügen. Andererseits, wie Irrfahrten uns manchmal zu den schönsten Orten bringen, so schaffen irrtümliche Erklärungen die verschiedensten Bilder und lassen uns etwas länger über den Text nachdenken."

Helga Schulz-Blank
„Bei der Yogastunde hat sich ein Marienkäfer in die Klangschale gesetzt und macht Geräusche, stört, ich empfinde ihn nicht als Störung, horche in

mich, denke an die Natur."

Teiko Inahata schreibt in „*Haiku – eine kleine Fibel*": „*Es ist wichtig, daß ein Werk allen verständlich ist …*" (S. 71). Die Lebens- und Arbeitswelt der Menschen in Japan war in der Entstehungszeit des Haiku streng geregelt. In unserer heutigen Welt fließen Lebens- und Berufserfahrungen immer weiter auseinander. So suchen wir, um fremde Worte in einem Haiku zu verstehen, in Lexika oder bei Google. Um Eindeutigkeit anzustreben, könnte die Autorin/der Autor das – vermutlich – nicht vertraute Wort mit Sternchen und Erklärung versehen, wie es bereits praktiziert wird (Gedichte, Bauwerke, Orte).

Für ihr Mitwirken an diesem Artikel bedanke ich mich bei Valeria Barouch, Helga Schulz-Blank und Claus Hansson.

Aufstieg
früher liefen sie
nebeneinander

Haiga: Kerstin Hirsch

Haiga-Aufruf – Ein Haiku zu einem Foto

Unserem Aufruf, ein Haiku zu einem vorgegebenen Foto zu schreiben, kamen 38 Autoren nach, denen die SOMMERGRAS-Redaktion herzlich dankt. Viel Freude beim Lesen und Betrachten.

Nachfolgend ein Haiga, das von der Jury (Martin Berner, Claudia Brefeld und Simone K. Busch) als besonders gelungen vorgestellt werden soll. Herzlichen Glückwunsch!

Foto: Claudia Brefeld

Haiku: Anke Holtz

Fast möchte man meinen, in dem Foto das Haiku von Bashô entdecken zu können, wenn auch in einer „modernen" Variante.

kareeda ni / karasu no tomari keri / aki no kure

*Auf verdorrten Ast
ließ eine Krähe sich nieder
Herbstabend*

    (Übers.: Hsiao-Hua Yang)

Ein grauverhangener Himmel dazu die Silhouette der Krähe, beides zusammen vermittelt dem Betrachter im ersten Moment ein Bild voller Herbsteinsamkeit, aber auch etwas Unheilbringendes schwingt mit.

  Im Allgemeinen werden Raben und Krähen als unglücksbringend betrachtet – ein japanisches Sprichwort besagt: Das Krächzen einer Krähe kündet von Unglück.

  An diesem Punkt, so scheint es, setzt das Haiku von Anke Holtz an: Obwohl ein Krächzen nicht zu vernehmen ist, der Vogel reglos auf dem Gestänge sitzt – erstarrt die Autorin angesichts des Vogels, verharrt stumm, atemlos – auf das Krächzen wartend? Und als ob sie sich am liebsten gleich unsichtbar machen möchte, überträgt sie ihre Furcht auf ihren kaum wahrnehmbaren Schatten, zieht sich selbst so als Person aus der Situation zurück. Es mutet wie eine Hoffnung an, unentdeckt zu bleiben, bis der Unglücksbote im Dämmerlicht fortfliegt und sie unbehelligt lässt. Obwohl von keinem Geräusch oder Laut die Rede ist, schwingt dies alles unausgesprochen im Nachhall mit.

  Anke Holtz schafft es mit dieser statisch anmutenden Stille, ein Spannungsgefüge aufzubauen!

  Claudia Brefeld

Außerdem möchten wir drei weitere Haiku, die mehrheitlich als gelungen angesehen wurden, hier an dieser Stelle gesondert vorstellen:

Herbstanfang … wieder Erinnerungen an Schwalben im Blau **Claus Hansson**	Dämmerung – er wartet immer noch **Grazyna Werner**

raue Laute
am Schatten hält sich
ein Schatten
Silvia Kempen

Dieser SOMMERGRAS-Beitrag sowie alle Einsendungen sind auf unserer DHG-Website nachzulesen!

Über Leser-Rückmeldungen für die nächste SOMMERGRAS-Ausgabe würden wir uns sehr freuen. Welches Haiku gefällt Ihnen besonders und warum würden Sie es in Verbindung mit dem Foto als besonders passend empfinden?

Aufruf zum Weiterdichten!

Die SOMMERGRAS-Redaktion lädt ein zum Weiterdichten:

Das erste Haiku beginnt in der ersten Zeile mit „**Sturmmond**".

Lassen Sie sich inspirieren und schreiben Sie eine zweite und dritte Zeile dazu.

Unser zweites Haiku lautet in der ersten Zeile „**Nebelwand**". Ergänzen Sie auch hier die zweite und dritte Zeile.

Einsendungen bis zum
15. Januar 2018
an
redaktion@deutschehaikugesellschaft.de
Stichwort „Sturmmond und Nebelwand"

Es kann zu jeder Vorgabe <u>eine</u> Ergänzung eingereicht werden.

Die eingereichten Vorschläge werden in Sommergras Nummer 120 abgedruckt. Wir sind gespannt und freuen uns auf viele Zusendungen!

Nachruf

Conrad Miesen

Nachruf auf Flandrina von Salis

Nur wenige Monate vor der Vollendung ihres 94. Lebensjahres ist die Schweizer Haiku-Dichterin Flandrina von Salis in Zumikon am 30. August 2017 verstorben.

Vermittelt durch Leonie Patt, die ich seit dem 2. Kongress der DHG näher kannte, war seit dem Sommer 2001 ein direkter Kontakt mit Frau von Salis zustande gekommen, der bis zu ihrem Tod fortbestand. Auf Schloss Bothmar in Malans sowie an ihrem letzten Wohnort Zumikon durfte ich ihr einige Male begegnen und mich mit ihr über Haiku austauschen. Es existierte auch ein regelmäßiger, lebhafter Briefkontakt.

Da Flandrina von Salis neben Autoren wie Hajo Jappe, Imma von Bodmershof und Karl Kleinschmidt zu den Pionieren einer autonomen, deutschsprachigen Haiku-Dichtung gehörte, halte ich es für wichtig, auch im SOMMERGRAS anlässlich ihres Todes an sie zu erinnern und in einem kurzen Abriss Leben und Werk darzustellen sowie ihren speziellen Weg zum Haiku nachzuzeichnen.

Maria Flandrina von Salis wurde am 21.12.1923 in Sankt Moritz geboren und ist im Engadin aufgewachsen. Die Matura legte sie am Lyceum Alpinum in Zuoz ab. Es folgten längere Auslands- und Studienaufenthalte (Germanistik und Kunstgeschichte) in Florenz, Rom, in England sowie Paris und Madrid. Lange Jahre war sie Mitarbeiterin in einer Züricher Buchhandlung, von 1962 bis in die Achtzigerjahre als Sekretärin des Dirigenten Paul Sacher in Basel tätig. Zweiter Wohnsitz neben Basel war stets Schloss Bothmar in Malans, unweit von der Bündner Kantonshauptstadt Chur.

Flandrina von Salis stammt aus einer seit dem 13. Jh. nachgewiesenen Adelsfamilie Graubündens. Die Familie derer von Salis-Seewis brachte im Lauf der Jahrhunderte einige bekannte Archäologen, Historiker, Maler und

Dichter hervor. Insofern steht auch Flandrina ganz in dieser Linie, da sie sich schon früh dem Verfassen von Lyrik und Prosastücken zuwandte wie ihr berühmter Urgroßvater Johann Gaudenz von Saalis-Sewis, der mit Goethe, Schiller, Wieland und Herder bekannt war.

Bei der Entdeckung des Haiku und der japanischen Kultur ging Flandrina von Salis eigene Wege. Auslöser waren weder Kontakte zu den anderen Haiku-Pionieren noch primär die Lektüre von Übertragungen klassischer japanischer Haiku.

Marguerite von Salis-Soglio, die Mutter von Flandrina, lebte als junge Frau von 1909 bis 1920 mit ihrem Vater, der als schweizerischer Gesandter arbeitete, über ein Jahrzehnt in Japan und schloss dort Freundschaft mit Kikou Yamata.

Diese französisch-japanische Freundin lebte später in Bern und war mit dem Schweizer Maler Conrad Meili verheiratet, der letztlich zum entscheidenden Mentor und Förderer der Haiku-Dichterin Flandrina wurde. Barbara Redmann schreibt in ihrem Aufsatz ‚Flandrina von Salis – Die Entdeckung des Haiku' im Bündner Jahrbuch 2016 (S. 58):

„*Conrad Meili, der selbst Haiku auf Japanisch schrieb, die regelmäßig in Japan veröffentlicht wurden, und viele japanische Haiku ins Französische übersetzte, war ein kompetenter Meister, der auch in Frankreich zu den Haiku-Wegbereitern gehörte: 1951 erschien sein Essay über die japanische Gedichtform ‚Le Haiku et le sentiment de la nature' in den Cahiers du Sud. Flandrina las die von Conrad Meili übersetzten japanischen Klassiker.*"

Auch beim Zustandekommen von Flandrinas erstem eigenständigen Haiku-Buchs ‚*Mohnblüten. Abendländische Haiku*' im Olten Verlag 1955 war der Schweizer Maler maßgeblich beteiligt und hat im Übrigen einige Illustrationen dazu beigetragen.

Flandrina von Salis hatte über ihre Mutter und Conrad Meili schon sehr früh tiefe Einblicke in die japanische Kultur erhalten und die Haiku-Dichtung lieben gelernt. Sie blieb dieser Gattung ein Leben lang treu. 1993 erschien im Kranich-Verlag in Zollikon-Zürich ihr Buch „*Wahrnehmungen*" mit Haiku und Tanka, das bereits rein äußerlich sehr ansprechend und auf ungewöhnliche Weise gestaltet war.

2003 folgte der Privatdruck „*Freude. Amore di Haikai und Gedichte*", der den Wiederabdruck zahlreicher Gedichte und Haiku aus den Bündner Jahrbüchern enthält, und schließlich ihr viertes und letztes Haiku-Buch „*Im Sog des Lichtes*", das 2010 wiederum der Kranich-Verlag herausbrachte mit einer umfangreichen Auswahl an Haiku und Tanka der Autorin.

In den letzten Lebensjahren wurde Frau von Salis das Schreiben und Korrespondieren erschwert, da das Augenlicht sehr nachgelassen hatte. Sie war darauf angewiesen, sich vorlesen zu lassen und Antwortbriefe zu diktieren. Die Natur, d. h. den großen Park des Hauses in Zumikon, genoss sie jetzt nur noch von der Terrasse aus, wenn sie dem Gesang der Vögel lauschte und den Duft der geliebten Rosen tief in sich aufnahm.

Wer sich mit den Kurzgedichten der Autorin näher beschäftigt hat, wird bestätigen können, dass von ihnen eine besondere Strahlkraft ausgeht und dass sie in ihrer sinnlichen Intensität und ihrer Melodik unter die Haut gehen.

Im August dieses Jahres 2017 kam ein allerletzter Privatdruck Flandrinas mit Gedichten und lyrischer Prosa unter dem Titel „*Wüstensand*" heraus (zusammengestellt von Barbara Redmann), der am 23. August in Malans im Rahmen einer Vernissage vorgestellt wurde. Wer konnte damals ahnen, dass die Dichterin selbst nur wenige Tage später versterben würde und somit der „*Wüstensand*" zu ihrem literarischen Vermächtnis wurde.

Ausgewählte Haiku der Flandrina von Salis:

Silberseil im Licht
Zwischen Buchsbäume gespannt
– Wie schafft es die Spinne?

Dufthauch – der Rose
Morgengruss. Die Nacht fällt ab
Wie ein schweres Kleid

Nach ihrem Raubzug
Torkeln südwärts die Stare
Süsser Trauben voll

Neben Zyklamen
Die erste Herbstzeitlose
– Beeil dich nicht so!

Zitiert nach: Flandrina von Salis, „Im Sog des Lichtes", Kranich-Verlag, Zollikon-Zürich 2010

Den Mond zu fangen
im stillen Gewässer – schon
ist er zerbrochen.

Den Ton der Glocke
Der den reifen Kürbis sprengt –
Dass ich ihn fände!

Im Brombeergestrüpp
Verbirgt sich der Seidelbast
Vor gierigem Griff.

Zitiert nach: Flandrina von Salis, „Wahrnehmungen in Haiku- und Tanka-Form",
Kranich-Verlag, Zollikon-Zürich 1993

Wie Erinnerung
Glückhaft und schmerzlich der Duft
Verblühter Rosen.

Dichter Pelz aus Schnee
Um eine gelbe Rose –
Schmuck, schwer zu tragen.

Zitiert nach: Flandrina von Salis, „Rosen-Haiku für die Rosenfreunde GR"
Privatdruck in Leporello-Falzform, Chur, 30. November 1998

Lesertexte

Ausgezeichnete Werke
Zusammengestellt von Claudia Brefeld

Der Abdruck der Haiku erfolgt mit freundlicher Genehmigung der Autoren, von denen (wenn nicht anders angegeben) auch die Übersetzungen stammen.

Haiku Master of the Month des japanischen Fernsehsenders TV NHK World

Juli 2017

her grey hair
fluttering in a salty breeze
summer again
    Simone K. Busch

ihr graues Haar
flattert in salziger Luft
noch einmal Sommer

Haiku- und Tanka-Auswahl Dezember 2017

Es wurden insgesamt 199 Haiku von 73 Autorinnen und Autoren und 30 Tanka von 18 Autorinnen und Autoren für diese Auswahl eingereicht. Einsendeschluss war der 15. Oktober 2017. Diese Texte wurden vor Beginn der Auswahl von mir anonymisiert.

Jedes Mitglied der DHG hat die Möglichkeit, eine Einsendung zu benennen, die bei Nichtberücksichtigung durch die jeweilige Jury auf einer eigenen Mitgliederseite veröffentlicht werden soll. Eingereicht werden können nur bisher unveröffentlichte Texte (gilt auch für Veröffentlichungen in Blogs, Foren, sozialen Medien und Werkstätten etc.). Bitte keine Simultan-Einsendungen!

Es gibt außerdem die Möglichkeit, die Haiku/Tanka selbst einzutragen:

DHG- Webseite/Aktivitäten/Haiku-Tankaauswahl/Onlineformular
Oder bitte senden an: **auswahlen@deutschehaikugesellschaft.de**

Der nächste Einsendeschluss für die Haiku/Tanka-Auswahl ist der

15. Januar 2018.

Jeder Teilnehmer und jede Teilnehmerin kann bis zu fünf Texte – davon drei Haiku – einreichen.

Mit der Einsendung gibt der Autor/die Autorin das Einverständnis für eine mögliche Veröffentlichung in der Agenda 2019 der DHG sowie auf http:/www.zugetextet.com/

An dieser Stelle möchte ich Petra Klingl für die jahrelange Koordinierung der Juryarbeit und für ihre freundliche, geduldige Hilfe danken, die nötig war, um diese schöne Aufgabe reibungslos von ihr übernehmen zu können.

Eleonore Nickolay

Haiku-Auswahl der HTA

Die Jury bestand aus Christa Beau, Gérard Krebs und Dagmar Westphal. Die Mitglieder der Auswahlgruppe reichten keine eigenen Texte ein. Alle ausgewählten Texte – 35 Haiku – werden in alphabetischer Reihenfolge der Autorennamen veröffentlicht. Es werden bis zu max. zwei Haiku pro Autor/-in aufgenommen. „Ein Haiku, das mich besonders anspricht" – unter diesem Motto besteht für jedes Jurymitglied die Möglichkeit, bis zu drei Texte auszusuchen (noch anonymisiert), hier vorzustellen und zu kommentieren.

Da die Jury sich aus wechselnden Teilnehmern zusammensetzen soll, möchte ich an dieser Stelle ganz herzlich alle interessierten DHG-Mitglieder einladen, als Jurymitglied bei kommenden Auswahl-Runden mitzuwirken.

Die Auswahl

Ein Haiku, das mich besonders anspricht

> Glühwürmchentanz
> unsere Nachbarn
> streiten wieder
> **Hildegard Dohrendorf**

Es ist ein Sommerabend zwischen Juni und Juli. Die Glühwürmchen senden ihre Lichtsignale, um zur Paarung zueinander zu finden. Ihr Leben ist voller Glanz, Leidenschaft und romantischer Tragik, denn kurz nach der Paarung verglüht das Liebeslicht. Wieder beginnt das Licht eines Würmchens, eigentlich sind es Käfer, zu glühen, ein anderes geht gerade aus. Subjektiv gesehen erscheint es uns wie ein Tanz.

Dem gegenüber steht der Streit der Nachbarn. Es ist nicht ihr erster Streit. Nein, sie streiten wieder.

Vielleicht ein Ehepaar, die Liebe, die Leidenschaft zueinander erloschen. So wie das Licht eines Glühwürmchens.

Für mich eine gelungene Juxtaposition und ein gelungenes Haiku.

Ausgesucht und kommentiert von Christa Beau

wurzelpfad
mein gespräch
mit vater

Helga Stania

Mit neun Silben ein äußerst kurzes Haiku, und doch steckt so viel darin. Vater und Sohn (oder Tochter) sind in der Natur, im Wald, unterwegs. Dabei gehen sie auch einen Pfad voller Wurzeln entlang. Der Sohn bzw. die Tochter – vielleicht auch der Vater – wird sich beim vorsichtigen Gehen bewusst, wie viel diese Wurzeln, auf denen die Bäume ‚aufbauen', mit der Gesprächssituation zwischen Kind und Vater gemeinsam haben. Möglich ist auch, dass der Sohn bzw. die Tochter allein unterwegs ist und auf dem Wurzelpfad an das Gespräch mit dem Vater erinnert wird. Auch im Gespräch geht oder ging es um „Wurzeln", diesmal des Kindes, um das, was das Kind vom Vater mitbekommen hat. Das kann positiv und/oder negativ sein. Sehr oft ist das mehr, als wir uns einzugestehen bereit sind.

Minimalistischer kann man das nicht mehr ausdrücken. Noch besser würde mir das Haiku allerdings gefallen, wenn *wurzelpfad* NICHT kursiv geschrieben wäre.

Ausgesucht und kommentiert von Gérard Krebs

Kranichrufe
auf dem Fensterbrett
rastet das Licht
   Simone K. Busch

Kraniche, Japans Boten des Glücks – zweimal im Jahr ziehen sie über mein Haus hinweg: im Herbst von Norden nach Süden und im Frühjahr von Süden nach Norden, gezogen vom Licht, dem sie folgen.

Ach, leider kann ich nicht mit ihnen ziehen, bin nur ein Mensch, schwach und flügellos unvermögend. Ich öffne einen Fensterflügel, stütze meine Arme aufs Fensterbrett und lausche ihren Rufen, die sich langsam entfernen.

Ihre lichten Rufe hallen noch eine Weile in mir nach. Und so bleibt das Licht als Teil von ihnen bei mir und rastet für kurze Zeit auf dem Fensterbrett – zweimal im Jahr. In der Hast meines Lebens halte ich inne, lasse es zu, dass mir die Kraniche Rast und einen Lichtblick bringen – welch ein Glück!

   Ausgesucht und kommentiert von Dagmar Westphal

am ersten schultag
mit der tüte im arm
die eltern
   Silvia Bacher

in meinen Stiefeln
alles was ich über
die Berge weiß
   Christof Blumentrath

Stammtischgelächter
ein Beben
in jedem Bierglas
   Stefanie Bucifal

am Lagerfeuer
sie kommen aus dem Versteck
die alten Lieder
   Christof Blumentrath

Schaufensterbummel
mein Spiegelbild
trägt Chanel
   Stefanie Bucifal

Kranichrufe
auf dem Fensterbrett
rastet das Licht
   Simone K. Busch

Windfetzen
unsere Worte erkunden
den Herbst
   Simone K. Busch

Glühwürmchentanz
unsere Nachbarn
streiten wieder
   Hildegard Dohrendorf

Kinderrufe.
Der Schnee des Waldes
wird heller.
   Volker Friebel

der erste Schrei
verweht die
letzten Worte
   Gregor Graf

Die Kerze
an deinem Geburtstag –
diesmal ein Grablicht
   Erika Hannig

niemand liest mehr
im garten gegenüber
die äpfel auf
   Kerstin Hirsch

Handyklingeln
ihr Blick
flattert davon
   Anke Holtz

Abgeerntete Felder.
Am blassen Himmel
rüttelt ein Falke.
   Reinhard Dellbrügge

in der hofpause
kinderlachen und kreischen –
ein mauerblümchen
   Beate Fischer

Kykladenwind
Der Vollmond treibt langsam
an den Strand
   Hans-Jürgen Göhring

Unter der Kastanie
über Kindheitserinnerungen
stolpern
   Wolfgang Gründer

Neujahrsmorgen
wir streuen Salz
in alte Wunden
   Gabriele Hartmann

am Ende des Sommers
über unreife Trauben
rinnt Regen
   Anke Holtz

Oktoberlicht
noch im Gespräch
Grille und Bach
   Angelika Holweger

durch den Nebel
das Leuchten
am Hagebuttenhang
  Ilse Jacobson

AG-Besprechung
ein Tropfen am Fenster
zögert
  Silvia Kempen

alter Teich …
worauf wartest du noch
fragt mich der Frosch
  Eva Limbach

im Streb
das Gesicht des Hauers
wenn der Hobel anfährt
  Ramona Linke

Herbstzeitlose
auf der Spielwiese von einst
reihen sich Häuser
  Eleonore Nickolay

fernweh
quer durch rumänien
mit dem finger
  Sonja Raab

wurzelpfad
mein gespräch
mit vater
  Helga Stania

Der Krabbenkutter
Mit seinen Netzen fischt er
Möwen vom Himmel
  Deborah Karl-Brandt

Kastanien
in meiner Hand
Kindheitserinnerungen
  Petra Klingl

Gletscherwanderung …
im blauen Eis verborgen
die verflossene Zeit
  Ramona Linke

Flüsterboot
wir folgen dem Flug
der Libelle
  Eleonore Nickolay

ich vermisse
die stimme meiner tochter
mit jeder mail
  René Possél

ackersenfblüte
vom sturm verzerrt
die schreie der krähen
  Birgit Schaldach-Helmlechner

mädchengesicht
ich lese die spuren
ihrer zukunft
  Peter Wißmann

nach dem familientreff
im zug das rattern
der gedanken
   Peter Wißmann

Tanka-Auswahl der HTA

In der Vergangenheit kam immer wieder die Anregung von HTA-Jurymitgliedern, die Tanka-Jury auszugliedern, da sich Jury-Mitglieder überfordert fühlten, bei den Tanka-Einsendungen eine fundierte Auswahl zu treffen. Der Vorstand beriet sich, da uns auch hier Kompetenz wichtig war, und auf Anfrage erklärten sich Tony Böhle und Silvia Kempen bereit, diesen Bereich der HTA-Auswahl dauerhaft zu übernehmen.

Mit dieser SOMMERGRAS-Ausgabe ist es nun soweit: Wir haben eine feste Tanka-Jury. Silvia Kempen und Tony Böhle stellen sich vorab kurz vor, und auch ein einleitender Aufsatz fehlt nicht!

Die Redaktion freut sich!

Alle ausgewählten Texte – 5 Tanka – werden in alphabetischer Reihenfolge der Autorennamen veröffentlicht.

„Ein Tanka, das mich besonders anspricht" – unter diesem Motto werden Texte vorgestellt und kommentiert.

Tanka – was ist das?

Tony Böhle

Was ein Tanka eigentlich ist, diese Frage hat mich sehr lange beschäftigt und treibt mich auch heute noch um. Für gewöhnlich möchte man versucht sein zu sagen, ein Gedicht in fünf Zeilen zu 5-7-5-7-7 Silben – das haben wir alle am Anfang so gelernt. Das Tanka aber so zu sehen, aus einem rein formalen Blickwinkel, ist sicherlich die einfachste Definition, aber auch die oberflächlichste. Die Regel der 31 Silben gilt für das Tanka genau so viel oder eben so wenig wie die 17 Silben für das Haiku und ist auch im Land seiner Herkunft immer wieder für das eine oder andere künstlerische Ziel beiseitegelegt worden. Gleiches gilt auch für die Aufteilung in fünf Zeilen bzw. Segmente. Was das Wesen des Tanka ausmacht, seinen Geschmack, wie manche sagen, erschließt sich erst auf den zweiten Blick und nach vielen Stunden des Lesens. Die beste Antwort auf die Frage nach dem Wesen des Tanka wurde bereits von den alten japanischen Meistern gegeben und ist im Vorwort zum *Kokin Wakashū*, der wohl bekanntesten klassischen Tanka-Sammlung, eindrucksvoll auf den Punkt gebracht:

„Ohne große Kraftanwendung bewegt es Himmel und Erde, besänftigt die Gefühle unsichtbarer Geister und Götter, schafft Gleichklang zwischen Mann und Frau und bringt Ruhe in die Herzen zorniger Krieger." [4]

Auch wenn Geister, Götter und zornige Krieger nicht mehr so recht in unsere Zeit passen wollen, hat dieser Satz nichts von seiner Gültigkeit verloren. Jede Generation von Tanka-Autoren, besonders im 20. Jahrhundert, musste ihre eigene Antwort darauf finden, wie in nur fünf Zeilen Himmel und Erde ohne Kraftanstrengung zu bewegen sind. Beschäftigt man sich mit den großen Namen (Akiko Yosano, Ishikawa Takuboku, Saito Mokichi, Shuji Terayama, Tawara Machi) wird man erstaunt sein, wie verschieden und immer wieder faszinierend neu diese Antworten ausfallen können. Sie ergründen die eigenen tiefsten Abgründe, legen den Finger in die offenen Wunden der Gesellschaft, provozieren, rufen Widerstand hervor, betrachten das Kleine wie das Große, mystifizieren, beobachten kühl, überraschen, klagen, verleihen dem Ungehörten ihre Stimme und bleiben doch nie auf einem ausgetretenen Pfad, sondern suchen das Neue.

Auch ich habe mich beim Lesen schon einmal gefragt, ob nicht schon lange alles gesagt sei, oder was noch zum Schreiben übrig bleibe. Die

---

[4] *www.TankaNetz.de*, Stand 19.11.2016

Antwort lautet zum Glück: eine ganze Menge. Wer mit offenen Augen durch unsere moderne Welt geht, Technik, Werbung, Medien, Widersprüche, Absurditäten, Ungerechtigkeiten und Zwischenmenschliches beobachtet, wird Inspiration im Überfluss finden. Eine kleine Kostprobe gefällig?

Ich will die Delle
In meinem Strohhut einfach
Lassen wie sie ist,
So als sei auch sie eines
Meiner Reiseandenken
    Tawara Machi[5]

wie aus Angst
dass man hört
was ich denke
unwillkürlich
zurückweichend
vor dem Stethoskop
    Ishikawa Takuboku[6]

Riesenrad
dreh dich nur dreh dich
Das Erinnern währt
für dich einen Tag lang,
für mich ein Leben lang
    Kuriki Kyoko[7]

Entfesselt von mir selbst
bin ich nur
ein vorübergehender Gedanke
im Geist
des Waldes
    Claire Everett[8]

wie man Abstand hält
zu einem verletzten Tier,
wartet, ob es
einen heranlässt – nur dass
man fernbleibt, ich kein Tier bin
    Ingrid Kunschke[9]

So wundervoll einfach und lyrisch kann ein Tanka sein, Himmel und Erde ohne Anstrengung bewegen und uns gleich dazu! Was ein Tanka eigentlich

---

[5] Christine Mitomi, *Das "Sarada Kinenbi" der Dichterin Tawara Machi: Untersuchung zu dem Millionenerfolg einer Gedichtsammlung in Japan*, 1990.
[6] *Trauriges Spielzeug. Gedichte und Prosa.* Frankfurt am Main 1991, Insel
[7] „*Gäbe es keine Kirschblüten ...* " *Tanka aus 1300 Jahren.*, Philipp Reclam jun., Stuttgart 2009
[8] *Einunddreißig*, Ausgabe 14, August 2016
[9] *www.TankaNetz.de*, Stand 19.11.2016

ist, besonders ein gutes, diese Frage muss wohl jeder für sich selbst beantworten. Eines jedoch, ist es nie: langweilig.

Kurzvorstellung von Silvia Kempen
von Tony Böhle

Silvia Kempen kannte ich schon eine ganze Weile durch ihre Beiträge aus Sommergras und Haiku-heute. Wirklich kennengelernt habe ich sie aber erst etwas später. Es war bei Ralf Brökers Haiku NRW-Treffen in Ochtrup am 5. Juli 2014, und Costa Rica verlor gerade im WM-Viertelfinale gegen die Niederlande.

Geboren 1958, engagiert sich Silvia seit 2005 für das Haiku, ist seit 2007 Mitglied der DHG, 2009 bis 2013 Mitglied des erweiterten Vorstands der DHG und Mitarbeiterin der SG-Redaktion, danach kurzzeitige Koordinatorin der HTA und seit November 2013 Betreiberin des Blogs Tageshaiku https://tageshaiku.blogspot.de/. Da scheint es schon fast verwunderlich, dass neben dieser Fülle von Aufgaben noch Zeit für das Schreiben von Haiku, Haibun und das Gestalten von Foto-Haiga geblieben ist.

Und Tanka? Ja, auch die sind nicht zu kurz gekommen! Bei einem Haiku-Treffen in Bad Nauheim war es die Vorstellung des Buchs *„Gäbe es keine Kirschblüten …"*, die Silvias Interesse für diese Form weckte. In den Jahren 2009 und 2010 hatte sie dann in einer Tanka-Gruppe unter der Anleitung von Ingrid Kunschke mitgewirkt und dann 2015 bis 2016 in einer Tanka-Gruppe unter meiner Leitung. Jenseits all dieser Daten und Fakten ist es wohl am besten, Silvia durch eines ihrer Tanka vorzustellen:

den Blick rechts und links
zum Himmel und zum Boden
Übungen
das Gleichgewicht der Welt
wieder neu zu justieren

Kurzvorstellung von Tony Böhle
von Silvia Kempen

Von Tony Böhle und dem Tanka-Magazin *Einunddreißig* habe ich zum ersten Mal im Juli 2013 gehört, und zwar auf der Facebook-Seite haiku-like von Ralf Bröker. Persönlich kennengelernt habe ich ihn ein Jahr später in Ochtrup beim NRW-Haikutreffen von Ralf Bröker.

Die erste Ausgabe von *Einunddreißig* hat Tony als Gründer im Mai 2013 herausgegeben. Seit dem Frühjahr 2017 unterstützt ihn Valeria Barouch. Tony hat sein Interesse für japanische Versformen recht früh entdeckt und 2012 sein erstes Haiku geschrieben. Im selben Jahr ist er in die DHG eingetreten. Das erste Haiku bezeichnet er als vollkommen misslungen. Mittlerweile ist er 34 Jahre alt, und Haiku schreibt er nur noch äußerst selten. Seine eigentliche Heimat hat er im Tanka gefunden. Aber warum eigentlich? Dazu äußert er sich folgendermaßen:

„Obwohl ich kaum noch Haiku schreibe, schätze ich seine kompakte Form und den verdichteten Inhalt durchaus. Gleichzeitig hat mich die Form immer wieder an Grenzen geführt, die ich gern abschütteln wollte: weniger komprimiert schreiben und mich selbst weniger zurücknehmend. Als ich dann den ersten Band mit modernen Tanka in die Finger bekam – es war *Trauriges Spielzeug* von Ishikawa Takuboku –, wusste ich, dass es genau das war, wonach ich suchte. Ich glaube, man sollte sich unbedingt einmal in beiden Formen versuchen, ihre Stärken und Schwächen erkunden und dann entscheiden, was dem eigenen Stil am besten entspricht."

Zum Schluss möchte ich noch ein von Tony geschriebenes Tanka vorstellen:

in dieser Welt
sind sie mir etwas wie
ein Schwert und Schild:
mein strahlend weißes Lächeln
und das knitterfreie Hemd

Die Auswahl

Ein Tanka, das mich besonders anspricht

> nach dem Regen
> die spiegelnden Gesichter
> des Weges –
> manchmal Lachen
> unter buntem Laub
> **Volker Friebel**

Vor dem Regen sehe ich bei einem Spaziergang, während ich nach unten schaue, nur den Weg an sich, aber „nach dem Regen" ist da durch die Pfützen viel mehr zu entdecken, es ist wie eine zweite Welt, die in die Tiefe führt. Und in ihr spiegeln sich die Gesichter der oberen Welt. „Gesicht" sehe ich in diesem Kontext als Metapher für die Seelen der Bäume, Gräser oder was so alles am Wegrand zu finden ist.

Ein Weg vorwärts oder auch zurück, das könnte unterschwellig bedeuten, dass hier auch der zurückliegende Lebensweg gemeint ist, an dem sich Gesichter aus der Erinnerung aufreihen und die jeweilige Zeit mit ihren Gefühlen sich in den Gesichtern spiegeln.

Im chinesischen Buddhismus ist der Spiegel eines der acht kostbaren Dinge, bedeutet die Seele im Zustand der Reinheit; der erleuchtete Verstand; aber auch Aufrichtigkeit. Bei einer Seele im Zustand der Reinheit liegt der Gedanke an die Unschuld von Kindern nahe. Und dahin führt mich der zweite Teil des Tanka.

„manchmal Lachen / unter buntem Laub" – Wer kennt das nicht aus seiner Kindheit, sich im Laub einzubuddeln, so dass nur noch die Blätter zu sehen sind. Das ist ein riesiger Spaß und dazu gehört das Lachen, jedenfalls wenn man sich nicht mehr beherrschen kann.

Machen Kinder so etwas, wenn das Laub feucht oder sogar nass ist? Ich denke „ja". Kürzlich erzählte mir eine Mutter, dass ihre Tochter (im Kindergartenalter) sogar durch Pfützen robben würde.

Ausgesucht und kommentiert von Silvia Kempen

Herbst –
An den Kais
im Museumshafen
pfeift der Wind
durch die nackten Takelagen
   Annelie Kelch

Kneipenschlägerei!
jetzt werde ich
sie brauchen
meine 2%
Neandertaler DNA
   Frank Dietrich

Löwenzahnwiese.
Am Horizont die Linien
naher Berge.
Wie schön ist die Welt
ohne Liebe.
   Volker Friebel

nach dem Regen
die spiegelnden Gesichter
des Weges –
manchmal Lachen
unter buntem Laub
   Angelica Seithe

er lässt sich Zeit
mit seiner Antwort
dreht sich eine
und leckt dann
an dem Wort vielleicht
   Gabriele Hartmann

Mitgliederseite

Jedes Mitglied der DHG hat die Möglichkeit, eine Einsendung zu benennen, die bei Nichtberücksichtigung durch die Jury der Haiku- und Tanka-Auswahl auf dieser Mitgliederseite veröffentlicht werden soll.

Die Zeit ist seltsam
Eine Handvoll Hier und Jetzt
Und ein Lächeln geht …
   Daniel Behrens

weicher wolkenschaum
zerplatzt in aquarellen
der tiefen sonne
   Hans Egerer

lass stehen den Tee
die Aprilglocken
läuten
   Gregor Graf

Pas de deux –
in der Pfanne rösten
Bucheckern
   Claus Hansson

buchstabenfelder
magnete und minen um
unseren sprachzaun
   Bernhard Haupeltshofer

komm – höre
die Tür ist weit geöffnet
dein Platz ist noch frei
   Ute Kassebaum

warten …
mein Herz schlägt noch
in einem anderen Leben
   Gerd Börner

vom turm gesprungen
tauche ich auf – atemlos
den boden berührt
   Beate Fischer

Frühaufsteher –
das Nikolausgesicht
in der Dämmerung
   Taiki Haijin

suchen
die Teeschale
unsere Hände
   Gabriele Hartmann

Die alte Schule
nun eine Herberge. Dort
Herbstklassentreffen.
   Saskia Ishikawa-Franke

Warme Tage im Herbst –
Die Narbe unterm Gipsverband
juckt wieder
   Annelie Kelch

Oma-Tag
im Apfelbaum schaukelt
ein Spinnennetz
   Silvia Kempen

Sonntag Frühmorgen
Steineiche grauvernebelt
zarte Sonnenstrahlen
   Hildegard Korsten

unvollständig
dem himmel über toronto
fehlt ein rosa teil
   Sonja Raab

kindertotenlieder
über den tag hinaus
sternklarer himmel
   Helga Stania

Sonnenglanz
ins Gletschereis gebannt
zerflossen und verloren
   Erika Uhlmann

Tiefstehende Sonne
Pfeile am Abendhimmel
Vogelzug
   Brigitte Weidner

Rabenschreie
vom Dach
fällt Morgentau
   Petra Klingl

Am Gartenteich
ein junger Reiher
ich zähle die Fische
   Renate Küppers

Im stillen Kanal
das Lackgelb der Teichrosen
leuchtet im Schatten
   Ute Sievers

Schlüssel verloren
auf dem Heimweg die Suche
im raschelnden Laub
   Ingrid Töbermann

ein kran schwenkt und küsst
sein spiegelbild im hochhaus
das den mund verzieht
   Jutta Weber-Bock

der Schatten einer Taube
löst sich erst als Zweiter,
fliegt lautlos auf
   Klaus-Dieter Wirth

Haibun

Sylvia Bacher

Bewunderung

Im Sommergras 118 das Märchen von der Froschkönigin löst ein Déjà-entendu aus. Es war vor über 40 Jahren:
Die Mutter, jung und modebewusst, hat eingekauft – ein Frühlingskostüm. Zuhause zieht sie es gleich an und erscheint damit vor ihrem fünfjährigen Sohn: kurzer ausschwingender Rock, tailliertes Oberteil, ganz in Rosa. Niki legt den Kopf schief und platzt dann heraus: „Das ist aber ein hübsches *Rosinchen!*"

   zwei worte
   schon zu viel
   für ein ensemble

Birgit Lockheimer

Barcelona – abre tus puertas al mundo

   auf Touristenpfaden
   durch die Großstadt
   im Anschlag das Handy

Ich bin mit zwei Japanerinnen in Barcelona unterwegs. Das letzte Mal, dass ich hier war, ist 30 Jahre her. Die Stadt hat sich sehr verändert. Nicht von ungefähr kommt es seit einiger Zeit immer wieder zu Protesten gegen die Touristen. Ich dolmetsche ein wenig vom Spanischen ins Englische und zurück, erkläre dies und das über Spanien und Katalonien und versuche, die Blicke der Japanerinnen vom Smartphone-Bildschirm wegzulenken. Wir haben bereits die Sagrada Familia besichtigt und kommen auf dem Weg von der Plaça de Catalunya ins Gotische Viertel am Corte Inglés vorbei. Unter dem schützenden Vordach des großen Kaufhauses haben zwei Obdachlose ihre Schlafsäcke ausgebreitet. Eine meiner Begleiterinnen fragt: „Why do they not get rid of them?" Etwas in mir krampft sich zusammen und ich erwidere mit kaum verhohlenem Entsetzen: „What do you mean – get rid of them?" Die Fragestellerin, der meine Irritation nicht entgangen ist, versucht den Fauxpas auszubügeln: „I mean for the tourists."

Angelika Holweger

Spätsommermorgen

Beim Leeren eines alten Ordners stoße ich auf ihr Foto in einer Zeitungsreportage. Erinnerungen überfluten mich. Versuche mit dem rechten Zeigefinger, ihr Lächeln zu ertasten.

> starre durchs Fenster …
> eine Nebelwand
> verschließt die Weite

Gabriele Hartmann

Grie Soß

Nach der Buchmesse, in einer Eckkneipe.
Hm – lecker: Frankfurter Schnitzel mit „Grie Soß", dazu „'n Äppler". Wie es sich gehört. Als alle ihr Essen haben, nimmt auch der Koch am Stammtisch Platz. Im Radio fällt ein Tor.

„Sagen Sie", frage ich, „bieten Sie im November auch Gans an?"
„Des derfe Se mich net fraache, ich bin hier nur de Necher", bekomme ich unwirsch zur Antwort, die Hand am Ohr. Der Reporter reklamiert gerade einen Elfmeter.
Ein früherer Nachbar hat sich zu uns gesetzt. Seine Frau ist gestorben. Vor zwei Wochen. Gestern war die Einäscherung. Sein Trachtenhemd ist ordentlich gebügelt, auf dem Ärmel eine schnurgerade Falte. Ja, die beiden Wellensittiche leben noch. Er zückt das Smartphone. Im Gegenlicht schnäbeln die beiden miteinander. „Machen mir viel Freude."

> Karussell
> was bedeutet mir
> morgen

Simone K. Busch

Hinter dem Bambus

Er grüßt mich lächelnd durch das geöffnete Fenster seines weißen Nissan Cubes, so wie er alle von uns grüßt. Wir sind westliche Frauen, etwas größer und runder als die meisten Japanerinnen, haben hellere Haare und auf unseren hohen Nasenwurzeln thronen Sonnenbrillen. Aber ehrlich, was wissen wir schon voneinander?

> erster Frühlingstag
> der Teemeister liefert
> gebügelte Hemden

Simone K. Busch

Göttlicher Wind

Chiran ist ein kleiner Ort auf der Insel Kyushu im Südwesten Japans. Wellen aus Grünteesträuchern erstrecken sich bis zum Horizont und an der Küste erhebt sich ein vollkommen geformter grüner Kegel-Vulkan. Als zum Ende des 2. Weltkriegs die Piloten der Tokkotai-Mission von hier aus in die Luft stiegen, war er zumeist das Letzte, was sie von ihrem Heimatland sahen. Im Museum hängen an den Wänden ihre Porträts, nach Todestag sortiert. Nur wenige Gesichter älter als 20. Die Schaukästen darunter zeigen Persönliches: fleckige Stirnbänder und Abschiedsbriefe, handgeschriebene Gedichte und Tuschemalereien. Viele haben sich freiwillig gemeldet, heißt es. Familienväter wurden abgelehnt, Witwer aber nicht. Eine Frau ertränkte sich mit ihren Kindern für den Ehemann im Fluss.

> Sonne im Mai
> bunte Karpfen tanzen
> am Fahnenmast

Horst-Oliver Buchholz

Kirchgang

In der Rosenkranzkirche, einem neoromanischen Sandsteinbau in diesem Kurort fernab, bin ich vollkommen allein zu dieser Stunde am frühen Abend, später September. Welcher Tag es ist, ich weiß es nicht. Gedämpft ist jeder Laut, jedes Licht bis auf eine neue Kerze vor dem Schrein „Maria hilf", die anderntags dort noch nicht gestanden hatte und deren Flamme hell ist und ruhig aufrecht zeigt. Die Farben der Auferstehung, als Gemäldereihe halbrund in der Apsis gruppiert, sind altersfahl. Auch nach einer halben Stunde kein zweiter Mensch hier und kein Gedanke, der diese Ruhe erreicht. Nur draußen ein paar spielende Kinder.

Die Gosse runter
das Herbstlaub
ein einziges Leuchten

Horst-Oliver Buchholz

Dem Ende zu

Es begann zu dämmern, und ein feiner Nieselregen setzte ein, als zwei Alte im Park noch immer Schach spielten. Mit ruhiger Hand, den Blick auf die 64 Felder gerichtet, taten sie Zug um Zug ohne ein Wort. Einer zog die Mütze tiefer ins Gesicht. Einem Schleier gleich wehte der Niesel um die beiden, sie beachteten es nicht. Der Spielplatz gleich nebenan ist bunt und blieb kinderlos.

Auf der Wippe
balancierend Herbstlaub –
Totensonntag

Tan-Renga

Christof Blumentrath und Gabriele Hartmann

gegen den Strom
wir beide im
Goldenen Schnitt

einen Baum gepflanzt
genau hier

GH / CB

Gabriele Hartmann und Brigitte ten Brink

Krückstöcke
zwischen Kiefernnadeln
der Himmel

der Maler legt den Pinsel
aus der Hand

GH / BtB

Karola Groch und Ilse Jacobson

Abendwind
wie er den Mohn wiegt
leise

im Traum hör ich das Lied
für ihr nie geborenes Kind

IJ / KG

Sylvia Bacher und Brigitte ten Brink

im Schlosspark
der Zeiger der Sonnenuhr
abgebrochen

zeitlose
Fehlstunden

BtB / SB

Brigitte ten Brink und Rita Rosen

im Klosterhof
die große Stille
begrüßt mich

eine Amsel
bringt den Klang des Waldes mit

BtB / RR

am Hünengrab
in die Stille der Ruf
eines Handys

ich stehe und schaue
den wehenden Gräsern zu

BtB / RR

Ruth Karoline Mieger und Brigitte ten Brink

Rosenkranzandacht
die Kirchentür quietscht
nur zweimal

seiner segnenden Hand
fehlt ein Finger

BtB / RKM

Gabriele Hartmann und Silvia Kempen

Burnout –
an den Strand galoppieren
Brandungswellen

weißer Schaum umspielt
seine Lippen

SK / GH

Krimilesung
kurz vor der Auflösung
ein Handy-Ton

bauscht sich im Wind
die blickdichte Gardine

SK / GH

Rengay

Brigitte ten Brink, Silvia Kempen und Gabriele Hartmann

frisch geschminkt
Doppel-Rengay

Fressfeinde	**unterm Sternenhimmel**
frisch geschminkt am Marktstand die Augen toter Fische	gesenkte Wimpern sie greift nach dem Apfel und schluckt
zu Hause im Küchenschrank – ein Meer von Plastiktüten	Zipfelmützen auch beim Tee nicht abgesetzt
Fressfeinde unsere Brut nähert sich an	zu Tränen gerührt vom Gesang einer Nachtigall
auf der roten Liste ihr Handtaschenleder	Dolby-Surround mit 800 Watt: *Nessun dorma*
Louis … schmeichelnde Worte helfen kaum weiter	mein Kuss allein unterm Sternenhimmel lässt ihn vergessen
die Uniformierten schweigen: Grün	lebenslänglich er hebt den Schleier
SK: 1, 4 / BtB: 2, 5 / GH: 3, 6	GH: 1, 4 / SK : 2, 5 / BtB: 3, 6

Rüdiger Jung und Conrad Miesen

WIE TANNENSPITZEN SCHMECKEN
i. m. Ingrid Grunsky

In Erinnerung
der legendäre Seebeiß
von Sibichhausen

Wie Tannenspitzen schmecken
hat uns Ingrid gelehrt

und auf dem Klavier
den Mozart des Kalenders
vorgeführt

Gleich hinterm Haus
verlieren wir uns im Duft
von Apfelbaumblüten

Die Welt – eine einzige
Kalligraphie

quer durch die
Jahreszeiten aufgelesen
ein Stücklein Ewigkeit.

RJ: 1, 3, 5 / CM: 2, 4, 6

Christof Blumentrath und Gabriele Hartmann

Zeitenwandel

noch ein Herbst
Großmutter bereitet
Birne Helene

damals … der Geruch
gekochter Seife

tête-à-tête
unterm Regenschirm
Lipgloss-Lächeln

per Smartphone
Verborgenem
nachspüren

das Kratzen der Feder
auf Pergament

sein Vermächtnis
die Wurzeln alter Reben
8° Ost

CB: 1, 3, 5 / GH: 2, 4, 6

Kettengedichte

Angelika Holweger und Ilse Jacobson

Wetterleuchten
Renhai

Psalmgesänge
ihr Echo
in der Waldkapelle   IJ

Wetterleuchten über den Bergen   AH
ein alter Mann zieht seinen Hut   IJ

Nachttraum
zwei Wege
in die Zukunft   AH

noch Rosen
Renhai

Straßen nur Straßen
wir lassen
das Gestern zurück   IJ

zwischen Hagebutten noch Rosen   AH
wie mein Atem jetzt tanzt   IJ

am Horizont
vom Licht bemalt
die späte Zeit   AH

alles was war …
Renhai

frühmorgens
schnell ein Hauch Rouge
auf zerknitterte Wangen   AH

leiser geworden der Sommer   IJ
lange blickt sie auf jenes Foto   AH

alles was war …
unsere Worte
im flackernden Licht   IJ

Ramona Linke und Helga Stania

Ein Lotossamen
Yotsumono

alt und schweigsam
die weiten Schwünge
ihrer Gedanken

tief in mir
streunender Sterne Kalligrafie

jahrhundertelang
Dunkelheit –
ein Lotossame

Mondlicht fällt
durch die Apsisrose

HS: 1, 3 / RL: 2, 4

Ferne Träume
Yotsumono

nebeneinander her
das Kolorit
unserer Schatten

vergessene Legenden
– Strandgut

unterm Tagmond
das offene Blau
ferner Träume

der Klang von Walnüssen
während der Meditation

RL: 1, 3 / HS: 2, 4

Zukünftig können jetzt auch längere und lange Kettendichtungen eingereicht werden, diese werden dann aber nicht mehr im SOMMERGRAS, sondern auf der DHG-Website, parallel zur jeweiligen SOMMERGRAS-Ausgabe veröffentlicht. Auf diese Weise wird die gemeinschaftliche Kettendichtung besser gefördert, da es so keine Platzeinschränkungen mehr gibt, die beim SOMMERGRAS ja immer eine Rolle spielen.
    Die Kettendichtungen (*renku*) bitte immer mit dem zugrunde liegenden Schema und Anmerkungen einreichen, da es so für die Leser besser nachvollziehbar ist.
    Wir freuen uns auf Ihre Zusendungen!

Haiku und Tanka aus dem Internet

Internet-Haiku-Kollektion
von Martin Berner, Claudia Brefeld und Simone K. Busch

Aus den Monaten August, September und Oktober 2017 von Haiku-heute, haiku-like, VerSuch und Tageshaiku wurde folgende Auswahl (25 Haiku) zusammengestellt:

bei der Trauung
ihr Kind sagt laut
ja
 Christa Beau
 Haiku-heute

Einsiedelei
der ausgetretene Pfad
geht am Tor vorbei
 Simone K. Busch
 Haiku-heute

krankenhausnacht
sternschnuppen fallen
in mein wünschen
 Bernadette Duncan
 Haiku-heute

Mutterboden
die Begutachtung der Hände
vor dem Essen
 Gabriele Hartmann
 Haiku-heute

Krähen im Kornfeld –
was ich dir nicht sagen kann
 Tony Böhle
 Tageshaiku

Platzregen
im Rücken die Wärme
eines Sommertags
 Simone K. Busch
 haiku-like

Rosettenlicht.
Durch die Weite des Münsters
schwingt ein Vogel.
 Volker Friebel
 Tageshaiku

Einödhof
ein Fuchs schnürt vorbei
am Bruderstreit
 Birgit Heid
 Tageshaiku

Honeymoon Suite
an der Wand
ein Rettungsplan
    Anke Holtz
    Haiku-heute

nach der Meditation
mit mir erhebt sich
Staub
    Anke Holtz
    Haiku-heute

u-bahn-tunnel
der blick des bettlers
den ich abwies
    Tobias Krissel
    Haiku-heute

Tempelberg –
die ausgetretenen Stufen
zwischen den Welten
    Eva Limbach
    VerSuch

Heimfahrt.
Der Große Wagen
randvoll mit Nacht
    Ramona Linke
    haiku-like

Sommersiesta …
Der Klavierstimmer
löst Elise ab
    Claudia Melchior
    Haiku-heute

in der kleinen Faust ein Stift
beim Malen von Wind
zerreißt das Blatt
    Anke Holtz
    Haiku-heute

mein Schatten träumt
sich durch
sonnendurchflutete Räume
    Anke Holtz
    VerSuch

Stammbaum –
in den kahlen Ästen
zetern Krähen
    Eva Limbach
    haiku-like

nach all dem Blutvergießen
die Stille
jenseits der Götter
    Eva Limbach
    VerSuch

Dunkle Sommernacht
Ich weiß von Sonnenblumen
in deinem Zimmer …
    Ramona Linke
    haiku-like

flussufer
der raum
zwischen unseren worten
    Helga Stania
    VerSuch

lichtkrumen des windes wille
> **Helga Stania**
> VerSuch

Allein daheim
der Klang von Bierflaschen die
einander berühren
> **Dietmar Tauchner**
> Haiku-heute

mondhelles Meer
die alte Frau im Hafen
sieht fern
> **Dietmar Tauchner**
> haiku-like

die alte sprache
vom glück
g i s c h t r e g e n b o g e n
> Helga **Stania**
> VerSuch

Landstraße
in einer weggeworfenen Bierdose
Vergangenheit
> **Dietmar Tauchner**
> Tageshaiku

Internet-Tanka-Kollektion
von Martin Berner, Claudia Brefeld und Simone K. Busch

Aus dem Online-Magazin für Tanka „Einunddreißig" wurde folgende Auswahl zusammengestellt:

stets zum anderen
den halben Tacho Abstand
halten … gibt es denn
solch eine simple Regel
nicht auch für Eheleute?
  Tony Böhle

die Schleiereule
hat im Flug eine Feder
verloren
es fällt ein Stück
Mondlicht hinab
  Frank Dietrich

Sommerbrise –
als spräche sie zu mir
die Mohnblume mit den
Lippen ihrer Blütenblätter
formt sie ein rotes Wort
  Angelica Seithe

Killing Fields …
blicke tief
in die Dunkelheit
der Höhlen
der Schädel
  Frank Dietrich

nicht gewusst
von der Kälte des Schnees
das Mädchen
wärmt mit seinen Händen
seine kleine Puppe
  Silvia Kempen

warmer Morgenwind
bläst durch meine Bluse –
hautnah
die verblassende
Nähe unsrer Nächte
  Angelica Seithe

Rezensionen/Besprechungen

Rüdiger Jung

Die erwachsenen Jahre

Die erwachsenen Jahre von Reiner Bonack. Gedichte. Kurzlyrik nach japanischem Vorbild. Titelbild/Acrylmalerei: Angelika Bonack. Books on Demand, Norderstedt. 2016. ISBN 978-3-8391-2726-1. 128 Seiten.

Reiner Bonack, Träger des Haiku-Preises zum Eulenwinkel 1995, hat in den letzten Jahren vor allem in „Einunddreissig", dem Forum, das Tony Böhle der deutschsprachigen Tanka-Dichtung bietet, viel Anklang gefunden. So lohnt in seinem neuen Gedichtband „Die erwachsenen Jahre" die Kurzlyrik nach japanischem Vorbild einen eigenen Blick. Kindheit scheint auf, die in ihrer schönen wie schmerzlichen Erfahrung bis heute unvermindert sinnlich greifbar nachwirkt:

Jahrmarkt
Ich drehte am Rad
gewann einen Bären

Noch immer brummt er
wie ich (S. 15)

Volksfest, ein Kutscher
schlägt auf sein Pferd ein

Wie damals
brennt auch
mein Rücken (S. 15)

Für die Poesie scheint es mir nachgerade unerlässlich, dass zumindest ein Rest kindlicher Anarchie ungeschmälert fortbesteht:

> *Die guten Schuhe, Kind*
> *müssen ein Weilchen halten*
>
> *Ich lächle mich an*
> *im Spiegel der Pfütze –*
> *springe* (S. 16)

Das wache Sensorium des Dichters steht dafür ein, dass das Motiv der Kindheit gleichwohl nicht zur Idylle verkommt:

> *Kindergeburtstag*
> *Langsam öffnet der Clown*
> *die Tür zum Hospiz* (S. 114)

Es gibt sie nicht, die Schonung der Kinder – am wenigsten in den Kriegs- und Krisengebieten dieser Welt:

> *Vor der Ruine, der Soldat*
> *streichelt die Katze*
> *des toten Jungen* (S. 86)

Es ist die Kraft und Intensität der erlebten Bilder, die den Autor bezwingt und ihm zugleich jedes Abdriften ins Unverbindliche verwehrt:

> *Während du schreibst*
> *stumm geschaltete Bilder*
> *mischen sich ein* (S. 86)

Zeitlebens die Erfahrung der Verletzlichkeit. Und am Ende – im günstigen Fall! – die Lücke, die ein Mensch hinterlässt:

> *Altenheim*
> *Ihr Fenster*
> *lächelt nicht mehr* (S. 114)

Verblüffend bleibt, wie das Große im Kleinen aufzugehen vermag, wie ein

Kurzgedicht, das dem Augenblick in seiner sinnlichen Qualität vorbehalten ist, zum Chronisten darüber werden kann, wie sich aus ungezählten Einzelschicksalen so etwas wie Geschichte formt:

Hier legten sie an
nach ihren Fahrten und noch
geblendet vom Eis

In der Bucht treiben Bärte
aus langen Algen und Tang (S. 98)

Ein frühlingshaftes Tanka fasziniert, indem es mit allen Erwartungen bricht:

Nach Wintern im Eis
und fast
nicht mehr erwartet …

Zögernd nur zog sich der Tod
zurück aus den Augenhöhlen (S. 98)

Ein schreckliches Bild von archetypischer Kraft: ein Totenschädel mit leeren Augenhöhlen. Wird man dieses Bild nicht zunächst so „lesen", dass es das Leben ist, das sich „zurückgezogen" hat? In den fünf Zeilen Reiner Bonacks ist es vielmehr „der Tod", der – wenn auch „zögernd" – das Feld räumt. Mit dem Scheiden von „Wintern" und „Eis" eröffnet sich der Freiraum neuen Lebens. Neuen Lebens, das aus dem alten erwächst.

Frühlingsnebel
An Mutters Grabstein
eine klamme Biene (S. 114)

Diese Leichtigkeit – bar aller Leichtfertigkeit! – ist es, die für mich Reiner Bonacks Kurzgedichte zur Königsklasse erhebt. Im „Frühlingsnebel" hallt er nach: der gegangene Winter, das getaute Eis. Leicht wird er nicht, der Flug – für „eine klamme Biene". Aber sie wird fliegen, sie wird die Blüten bestäuben, sie wird das neue Leben vermehren. Der mächtige „Grabstein" ist doch nur Momentaufnahme. Das Kleine, das Verschwindende, das „Klamme" siegt – mit einer geradezu taoistischen Konsequenz. Zugleich wird der Frühling zum Bild der Trauer, die hält, indem sie loslässt, die birgt, indem sie preisgibt. Wach bleiben, mit allen Sinnen – und Arkadien ist nicht aus der Welt:

Mittag
Die Schatten vertrocknen
Das Meer ist verstummt
Fern trägt es Äpfel, Orangen
Und fernhin den Tod (S. 99)

Rüdiger Jung

Im ausgewilderten Licht

Im ausgewilderten Licht von Volker Friebel. Orte und Wanderungen. Mit 34 Farbfotos des Autors. Edition Blaue Feder, Tübingen. 2015. ISBN 978-3-936487-98-5. 80 Seiten.

Nach den Formen der japanischen Kurz- und Partner-Dichtung hat (seit Jahren schon) das Haibun, die Haiku- (haltige, gemäße, kompatible) Prosa, Einzug im deutschen Sprachraum gehalten. Mit „Im ausgewilderten Licht" von Volker Friebel liegt meines Erachtens ein Meisterwerk vor, in dem Prosa, lyrische Konzentrate in Haiku-Form und – nicht zuletzt – die Farbfotos eine durchaus strenge und überzeugende Synthese eingehen.

Wohltuend, dass schon im Vorwort Erlebtes im Mittelpunkt steht und nicht so sehr die Definition (und mithin die Grenzen!) einer literarischen Gattung. Am Anfang steht so etwas wie ein Credo:
„In einer Blume zeigt sich die Welt, in einem Sandkorn, in einem Blitz, im langsamen Zug der Wolken über das Gebirge. Und überall bin ich zu Hause, bei den Gräsern am Pfad und dem Kiesel, den ich am Fluss auflese und zwischen den Fingern spüre"… (S. 5)

Und eine klar formulierte Absicht:

… *„die wirkliche Welt zu sehen und zu spüren, die Normalität der Wolken, der Berge, der Vögel und Blumen"* … (S. 5)

Das Buch lädt die Leserin/den Leser ein, sich mit dem Autor auf einen überaus offenen Pilgerpfad zu begeben:

„Das Wohin ist fast gleichgültig. Es ist das Gehen selbst, die Verbindung des Atems mit dem offenen Himmel, die Berührung von Haut und Wind, die Empfindung des Bodens beim Aufsetzen der Füße mitten in der flutenden Kraft unserer Sonne. Je schmaler der Weg, umso besser." (S. 5)

Die Poetik folgt der Empirie:

„Wir erinnern nicht Jahre, sondern Momente." … (S .5)

Der Autor lädt dazu ein, dass „wir unsere Geschichten teilen". (S. 6) An anderer Stelle führt er näher aus, was er damit meint:

„Vielleicht, wenn einer die Worte und Bilder als Worte und Bilder erkennt, lässt er auch andere neben den eigenen gelten. Weil alles, was sich aufrichtig müht, eine Ansicht der Wahrheit in sich trägt, die Wahrheit aber nicht durch ein Bild oder ein Wort allein ausgedrückt werden kann, zu ihr sich aber die vielen Bilder und Worte ergänzen." (S. 13f)

Das passt zu dem, was der Ire John O´Donohue bei seinen Landsleuten beobachtet hat: „*… vorsichtige, indirekte Bemerkungen, die im Gesprächsverlauf erst ganz langsam eine Richtung einschlugen, mit ‚Möglicherweise …', „Es wäre vielleicht interessant …", „ Man könnte doch mal …"* (S. 22)

Für jene Toleranz des „Geschichten-Teilens" könnte über weite Strecken auch die chinesische Kultur Pate stehen:

„So verwundert es nicht, dass es in der Vergangenheit zwar Konkurrenz zwischen den Religionen gab, aber, da die scharfen spirituellen Bekenntnisse fehlen, nichts, das an Glaubenskriege erinnert …" (S. 42)

Friebels Wege führen u. a. ins antike Griechenland, nach Irland und Richtung Nordkap, nach Indien und China, Laos und Vietnam, ins Land der Maya und nach Marokko.

Nicht nur die „Orte", auch die Zeiten werden durchlässig auf diesen „Wanderungen":

„… Wo sind die hin, die hier lebten? Sie sind in uns. Wer aber wir sind, wissen wir nicht. Wir wissen nur, was wir tun. Wir wandern." (S. 38)

Einen geistigen Wegbegleiter, Hermann Hesse, hebt Friebel besonders hervor, seinen „Einfluss" präzisierend:

„… *So schätzte ich den berühmten Schriftsteller seines Lebens wegen, nicht wegen der Bücher.*" (S. 55)

Eines der Bücher, „Kulp", hebt er dann hervor – wohl nicht zuletzt des Freispruches wegen, den die Titelfigur von Gottes Seite erfährt:

„*Siehst du nicht, dass du deswegen ein Leichtfuß und ein Vagabund sein musstest, damit überall ein Stück Kindertorheit und Kinderlachen hintragen konntest? …*" (S. 56)

Neben einer Prosa, die Natur und Geschichten auftut, Topografisches und Kulturgeschichtliches der Leserin/dem Leser konzentriert und wohldosiert buchstäblich „zum Besten gibt" und dabei immer wieder zum Prosagedicht changiert, sind es die Farbfotos und vielleicht mehr noch die Haiku, die mir zu „Inbildern" werden. Ein ebenso kurzes wie zwingendes Beispiel dafür, wie sich Haiku und Prosa durchringen:

Aus Brandkraut
starrt ein Hund, am Hals
der gerissene Strick.

„*Wir drehen uns nicht um.*"   (S. 12)
Natur und Geschichte – beide finden Raum in einem einzigen Haiku:

Nach den Urnen der Kaiser
Grillenzirpen.
Und Wind.   (S. 62)

Geschichte erfährt im Haiku beides – äußerste Verdichtung und Nachhall:

Maria Buch
draußen liegt Schnee. Ein Schatten
läutet die Glocke.   (S. 40)

Unbeschadet des spezifischen Kontextes (einer indischen Feuerbestattung) hat etwa das folgende Haiku eine Bildkraft, die kulturelle Grenzen durchlässig werden lässt, ohne sie zu verwischen:

Holzstapel.
Vor dem brennenden Tod
legt ein Boot ab. (S. 30)

Ein empathischer, an Issa geschulter Blick nimmt auch die Mitgeschöpfe in ihrer Endlichkeit, Vergänglichkeit, Sterblichkeit wahr:

Am Fischstand:
So viele Augen
in einer Bastschale! (S .49)

Ein Haiku kommt ganz in seinem Schlusswort zu stehen, seinem Schillern nach Raum und Zeit:

Weiße Gesichter
von Blumen. Die Schritte der Pilger –
vorbei. (S. 8)

Verblüffend, dass dem ganz und gar der Immanenz verschworene Haiku ein Inbild gelingt für das Inkommensurable der Transzendenz:

Hang des Parnass
Über Ziegen
die Himmelsweide. (S. 8)

Im Blick auf Yukatan entstand ein Text, der sich so lesen lässt, als würden Reise und Wanderschaft einerseits und Sesshaftigkeit anderseits kontrastiert:

Schwalben segeln
am Meer. Reglos die Leguane
in ihren Häusern. (S. 68)

Unterwegs – Sein: das Lebensmodell der (Wander-) Vögel, das sich manchmal nur gleichsam virtuell nachvollziehen lässt:

Vom Klippenrand -
mit dem Schrei der Möwen hinein
in den Himmel. (S. 23)

Haiga: Angelika Holweger

Berichte

Ulrich George

Regionalgruppe ‚NORDWIND'

kukai
auf dem küchentisch
kastanien

    Regionalgruppe ‚NORDWIND'
    Fargau, 26. September 2017

Erstmals trafen wir uns – Gisela Farenholtz, Claus Hansson und Ulrich George – im Mai 2017 zur Gründung der DHG-Regionalgruppe ‚NORDWIND' in Kiel bei Gisela Fahrenholz. Ulrich George hatte die Schleswig-Holsteiner der *DHG* angeregt, sich zu solch einer Gruppe zusammenzufinden.

Im kleinen Kreis erzählten wir uns über unsere Affinität zur Haiku-Dichtung, trugen uns unsere Dichtungen vor, ließen uns von ihnen berühren und tauschten uns über unsere Wahrnehmungen und Empfindungen aus. Es entstand ein anregendes Gespräch über den eigenen Zugang zur Haiku-Dichtung sowie über Form und Inhalt. Die hörbereite und respektvolle Atmosphäre, in der das geschah, tat uns Dreien wohl, und wir entschieden uns, weiterhin möglichst viermal im Jahr zusammenzukommen und den persönlichen Austausch zu pflegen.

Eine erste gemeinsame Unternehmung war der Besuch einer von Gisela Farenholtz initiierten und geleiteten Aufführung ihres ‚Impro-Chores Kiel' in der Bethlehemkirche in Kiel-Friedrichsort am 8. Juli dieses Jahres. Während dieser Aufführung wurden experimentell ebenfalls *Haiku* vokal improvisierend interpretiert. Unser drittes Treffen fand am 26. September bei Claus Hansson in Fargau am Selenter See statt

Wir freuen uns, wenn weitere ‚NORDWINDe', gern auch aus Nord-West und Nord-Ost, stürmend, kühlend, wirbelnd, regnerisch oder trocken hinzukommen. Und da es ebenfalls einen schleswig-holsteinischen Süden gibt, dürfen auch Sie sich mit Rückenwind aus Süd-Südwest-Südost herbeiwehen lassen. Wir freuen uns über weitere Interessierte und Teilnehmer/-innen.

Das nächste Treffen von ‚NORDWIND' ist am 24. Januar 2018 um 16.30 bei Gisela Farenholtz, Uhlenhorster Weg 11 in Kiel-Pries
Herzlich willkommen!
Herzliche Grüße von ‚NORDWIND'

Kontakt:
Ulrich George
Neufelder Weg 9B
24837 Schleswig

Fon: 04621 95 21 25
Mobil: 0176 642 161 38
E-Mail: ulrich.geo@googlemail.com

Rita Rosen

Haiku-Kreis Wiesbaden: Tan-Renga-Workshop

Der Haiku-Kreis Wiesbaden besteht schon seit einigen Jahren. Monatlich treffen sich die Mitglieder, um ihre Haiku zu besprechen. Sie haben einen festen Treffpunkt in der „Caliban Literaturwerkstatt e. V." in der Herderstraße 31. Hier veranstalten sie auch öffentliche Lesungen. Im vorigen Jahr gaben sie einen Kalender heraus – mit Fotos und Bildern und ausgewählten Haiku.

In der letzten Zeit war das Interesse am Tan-Renga gewachsen. Um hier vertiefte Kenntnisse zu erwerben und unter Anleitung zu schreiben, wurde ein Workshop organisiert. Claudia Brefeld, Vorstandsmitglied der DHG, konnte gewonnen werden, einen solchen durchzuführen.

Er fand am 21. Oktober von 10:00–17:00 Uhr statt. Fast alle Mitglieder sowie Gäste nahmen daran teil. So entstand eine lebendige Runde.

Claudia informierte den Kreis zunächst über die geschichtliche Entwicklung des Kettengedichtes im Allgemeinen und des Tan-Renga im Besonderen. Ja, es hat eine lange Geschichte. Danach stellte sie einige Regeln vor. Sie beschrieb den Charakter des Oberstollen, auch *hokku* (oder *chôku* – Langvers) genannt, und den des Unterstollen, des *wakiku* (oder *tanku* – Kurzvers). Sie betonte, dass beide Stollen ihren eigenständigen Wert haben. Der erste Autor beginnt mit dem Oberstollen, nachfolgend fügt der zweite Autor den Unterstollen an, in dem er assoziativ auf den vorherigen Vers eingeht und dadurch einen neue Impuls, eine unerwartete Wendung einbringt. Über die Bilderweiterung durch den Unterstollen, bzw. die Entwicklung eines neuen Bildes (*juxtaposition*) wurde ausführlich gesprochen. Grundsätzlich wurde gefordert, dass die beiden Stollen – wie auch das Haiku – nicht geschlossen sein sollen, sondern eine gewisse Offenheit offerieren müssen. Eine Offenheit, die einen „Nachhall", wie Claudia es nannte, ermöglicht. Sie betonte des Öfteren, dass dem Schreiben von Tan-Renga eine respektvolle Partnerschaft der beiden Schreibenden zugrunde liegen soll. Der Austausch soll auf „Augenhöhe" erfolgen. Zu der Formgestaltung wurde gesagt, dass hier wie auch beim Haiku die traditionelle Form mit 17 Silben als auch die freie Form möglich ist.

Einen großen Teil des Workshops machte dann das Schreiben von Tan-Renga aus. Eine/r schrieb den Oberstollen, ein/e andere/r den Unterstollen. Auf Vorschlag eines Gruppenmitgliedes wurden die Oberstollen ohne Unterschrift in einen Kasten geworfen, aus dem sich jeder ein Blatt nehmen konnte. Diese Anonymität ermöglichte es, dass man frei von einer Personenbindung einen Unterstollen schreiben und auch die Besprechung des gesamt Geschriebenen annehmen konnte. Zum Schluss wurden die Namen bekannt gegeben, was dann auch zu Überraschungen führte. Wie man an den angeführten Beispielen sehen kann, entstand manch schönes Tan-Renga.

Eine weitere interessante Variante des Schreibens wurde erprobt. Zu einem Oberstollen sollten alle Teilnehmer/-innen einen Unterstollen schreiben. Den Oberstollen stellte Claudia zur Verfügung. Die Unterstollen wurden dann anonym geschrieben und vorgelesen – sehr unterschiedliche, kontrastreiche Werke. Auch hier erfolgte zum Schluss die Nennung des Namens, mit Kommentaren der Überraschung. Ja, insgesamt gesehen ein erfolgreicher, inspirierender und motivierender Workshop.

Zum Abschluss besuchte die Gruppe eine in der Nachbarschaft gelegene Galerie. Hier gab es eine aparte Ausstellung: „Rost never stops." Der Künstler „Lumara" aus Wiesbaden stellte seine Fotografien von Roststellen aus, die er an verschiedenen Orten der Stadt Paris aufgenommen hatte. Es waren interessante Aufnahmen, die an Bilder der abstrakten Malerei erinnerten. Man konnte sehr gut den Verlauf der Ausbreitung des Rostes erkennen und damit den Prozess der Vergänglichkeit. Der minimalistische aber inhaltsstarke Ausdruck erinnerte ein wenig an die Wirkung des Haiku. Claudia freute sich insbesondere über den Besuch der Ausstellung, sah sie doch Parallelen zu ihren Fotografien der „Industriebrachen".

Ein gemeinsames Essen in dem ältesten Thai-Restaurant der Stadt beschloss das Treffen. Aber auch hier wurde weiter über die Kunst des Tan-Renga philosophiert.

bunter Blätterflor
unter der kahlen Buche
Wind kommt auf

trägt mit sich den Staub
des ganzen Jahres
    Rita Rosen und
    Michael Ziesner

Braune Knollen
in dunkler Erde
vergraben

milde Brise …
dieses Grün der ersten Triebe
    Rita Schäfer und
    Claudia Brefeld

im Gartenlokal
die Stille nach dem Schnattern
einer Gans

Neben der Wirtshaustür
ein Weihnachtsbaum abgeschmückt
    Ruth Karoline Mieger und
    Peter Gooß

Weiter und zurück
Schweift der Blick über den Fluss
Die Fähre legt ab

Die Dächer im Sonnenschein
Kaffee mit Milch und Zucker
    Toni Nemes und
    Renate Müller-Tümmler

November Nebel
nasse Nasen
der Grabschmuck wartet

in warmen Händen
die Perlen des Rosenkranzes
  Sigurd Geiß und
  Rita Rosen

vorbei am Mühlrad
jeder Schluck
Erde und Kühle

Wasser wild aufgewirbelt
Die Ruhe kehrt wieder ein
  Claudia Brefeld und
  Toni Nemes

Klaus-Dieter Wirth

Das Jahrestreffen des „Haiku-Kreises Niederland"
in Nimwegen am 14.10.2017

Auf Einladung von Arie de Kluijver, dem Vorsitzenden der Niederländischen Haiku-Gesellschaft HKN (*Haiku Kring Nederland*), hielt unser Mitglied Klaus-Dieter Wirth einen einstündigen Gastvortrag in niederländischer Sprache zum Thema *De essentie van haiku uit internationaal oogpunt* (Wesensmerkmale des Haiku aus internationaler Sicht). Die Veranstaltung fand statt in der außergewöhnlich großzügig eingerichteten Bibliothek des *Poeziëcentrum De Mariënburg* in Nimwegen. Die alte Hansestadt (seit 1402) mit schon keltisch-römischen Wurzeln bezeichnet sich selbst als die älteste Stadt des Landes und ist auch heute noch mit etwa 175.000 Einwohnern ein pulsierendes Zentrum an der niederländisch-deutschen Grenze, nur 20 km von Kleve entfernt.

    Die Lesung mit anschließender Diskussion unter 35 anwesenden, sehr interessierten Haiku-Liebhabern war Teil des Jahrestreffens der HKN mit weiteren Workshops (Haiku, Tanka, Haiga) am Nachmittag nach dem Mittagessen.

    Klaus-Dieter Wirth selbst ist bereits seit 1998 Mitglied der HKN, und seine fortlaufend im SOMMERGRAS erscheinenden *Grundbausteine des Haiku* übernimmt seit 2013 auch der *Vuursteen* (Feuer-, Flintstein) in niederländischer Übersetzung in Zusammenarbeit mit Marian Poyck, der Endredakteurin der Zeitschrift. Diese wurde schon 1981 im Verbund mit der Flämischen Haiku-Gesellschaft HCV (*Haiku-centrum Vlaanderen*) ins Leben gerufen und ist die älteste, noch existierende Haiku-Zeitschrift in Europa. Mittlerweile sind die *Haiku-*

bouwstenen im *Vuursteen* bei der 15. Folge *Cultuurhistorische/geografische achtergrond* angelangt.

Es ist erfreulich festzustellen, dass sich das Interesse füreinander gerade in der internationalen Haiku-Welt immer mehr ausbreitet, ein Phänomen, das Mut macht, Freundschaften über die Grenzen hinweg zustande kommen lässt und wohl auch zur allgemeinen Pflege des mitmenschlichen Verständnisses beiträgt.

Haiga: Gabriele Hartmann

Mitteilungen

Neuveröffentlichungen

1. Dagmar Westphal und Gabriele Hartmann: Unbeachtet am Wegrand. Frühlingskasen. bon-say-verlag, 2017. 8 Seiten, von Hand gebunden.
Zu beziehen unter: info@bon-say.de

Sonstiges

1. Ausschreibung Haiku-Jahrbuch 2017
Das Haiku-Jahrbuch ist der Versuch, ein Gedächtnis des deutschsprachigen Haiku aufzubauen. Alle bisher erschienenen Jahrbücher (2003–2016) sind unter folgender Adresse kostenfrei als pdf-Dateien ladbar: http://www.haiku-heute.de/Jahrbuch/jahrbuch.html
Für das Haiku-Jahrbuch 2017 werden die besten Haiku gesucht, die 2017 entweder geschrieben oder erstmals veröffentlicht wurden, gerne auch in Mundart (zur leichteren Beurteilung bitte mit Übersetzung ins Hochdeutsche). Senden Sie bitte Ihre besten Haiku des Jahres ein (maximal 50). Die Texte können gerne schon anderswo veröffentlicht worden sein, Sie müssen aber über die Rechte verfügen. Auch Tan-Renga sind erwünscht, längere Kettengedichte, Tanka oder Haiku-Prosa dagegen nicht. Bitte fügen Sie noch einige Zeilen zu Ihrer Person hinzu, die, bearbeitet, ins Autorenverzeichnis aufgenommen werden können (Vor- und Nachname, Geburtsjahr, Wohnort, Tätigkeit, Sonstiges).
Das Jahrbuch wird sowohl als Papierdruck als auch elektronisch in mehreren Formaten veröffentlicht. Freiexemplare des Papierdrucks können leider nicht verschickt werden. Jeder aufgenommene Autor erhält aber bei Bestellungen an die Adresse von Volker Friebel bzw. an *Haiku heute* einen Mitarbeiter-Rabatt und außerdem, soweit er eine

eMail-Adresse angibt, kostenfrei eine elektronische Datei.
Mit der Einsendung erklären Sie, dass Sie über die Rechte an den eingereichten Texten verfügen und mit deren kostenfreiem Abdruck im Haiku-Jahrbuch 2017 (Papierdruck sowie eBuch) unwiderruflich einverstanden sind. Alle weiteren Rechte bleiben bei Ihnen, Sie können über Ihre Texte also weiterhin frei verfügen.
Einsendungen bitte an: Volker Friebel, Denzenbergstraße 29, 72074 Tübingen (Deutschland), vorzugsweise aber durch Versand an jahrbuch@haiku-heute.de und der Kennzeichnung „Für das Jahrbuch". Die Einsendefrist endet am 15. Januar 2018. Benachrichtigungen erfolgen über www.haiku-heute.de und über die eMail-Adressen der Einsender.

2. **Haiga-Ausstellung „Der Duft des Tuschsteins"**
in der Stadtbücherei Augsburg, Zweigstelle 86179 Augsburg-Haunstetten, Tattenbachstraße 15, vom 17.01.2018 bis 23.02.2018
Vernissage am Mittwoch, den 17.01.2018 von 18.00 bis 20.00 Uhr
Haiku-Workshop am Donnerstag, den 18.01.2018 von 18.00 bis 21.00 Uhr

3. **Haiga-Ausstellung „Der Duft des Tuschsteins"**
in der Mauritius-Mediathek 65183 Wiesbaden, Hochstättenstraße 6–10, vom 26.02.2018 bis 09.04.2018
Vernissage am Montag, den 26.02.2018 um 17.00 Uhr

4. **Haiku-Lesung mit Workshop**
Am 28. Dezember 2017 hält Ulrich George eine HAIKU-Lesung mit Workshop, im **Café Lichthof in Angeln, Falshöft 29, 24395 Nieby.**
Nähere Angaben und Anmeldung: Ulrich George,
Tel. 04621 95 21 25, ulrich.geo@googlemail.com

Haiku- und Tanka-Mentoring

Für das **Haiku-Mentoring** stellen sich zur Verfügung:

    Claudia Brefeld claudia.brefeld@dhg-vorstand.de
    Brigitte ten Brink   brigitte.tenbrink@gmx.de

Für das **Tanka-Mentoring** stellen sich zur Verfügung:

    Tony Böhle   tonyboehle@web.de

(Falls Postadressen gewünscht, bitte beim DHG-Vorstand anfragen.)

Wir möchten alle DHG-Mitglieder ermuntern, diese Möglichkeiten des Austausches zu nutzen, und nehmen gerne zukünftig weitere Namen in diese Listen auf, die wir – aktualisiert – in jedem SG vorstellen werden.

Errata

SOMMERGRAS Nr. 118

Betrifft: Rezension „Harfenfichte" (S. 62 und 63)
Korrekte Schreibweise der vier Haiku von Rita Rosen:

schließe ein Bild in
dein Herz, verwahre es gut,
dort vergilbt es nicht   (S. 12)

Tänze der Menschen
in aller Welt erfreut ihr Rhythmus
das Herz   (S. 27)

Begegnung am Strand
ein Händedruck – und hohe
Wellen schlägt das Meer (S. 31)

die alte Katze
auf dem warmen Mauerstein
kein Spatz lockt sie mehr (S. 19)

sowie

dä Hemel so ruet
et Chresskendche bäk Plätsjer
doot mer fröher soon (S. 76)

Betrifft: Mitgliederseite – Autorenname: Angelika Hilde Timm (S. 40)
Der korrekte Autorenname lautet: **Angela Hilde Timm**

Covergestaltung

Das Cover dieser Ausgabe wurde von Paul Bernhard gestaltet
Paul Bernhard wurde 1944 in Interlaken (Schweiz, Kanton Bern) geboren. In den letzten 20 Jahren seiner beruflichen Tätigkeit arbeitete er in der Versicherungswirtschaft.
Durch seinen Vater inspiriert fotografiert er seit seiner Jugendzeit und ist zwischenzeitlich seit 45 Jahren in einem Fotoklub. Sein allumfassendes Interesse machte aus ihm einen Allrounder. So sammelte er über viele Jahre Erfahrung in der analogen und digitalen Fotografie. Er versucht mit seiner Sichtweise, mit Bildern in Farbe und Schwarzweiß zum Hinsehen und Innehalten beizutragen, nach dem Grundsatz: Wer fotografiert sieht alles mit „offenen" Augen.
Durch ZEN-Fotokurse bei Jo Fahl im Engadin (St. Moritz) hat man ihm auch die Haiku-Dichtung näher gebracht. Er sagt dazu: „Diese Dreizeiler faszinieren, es braucht aber viele Jahre Erfahrung …" Schon bald dachte er an Kompositionen aus Bild und Gedicht und ging das Wagnis ein, einen Bildband zu machen … d.h. Bild und Text getrennt.

*Wintervögel
in den Bäumen
verstummte Lieder*

Haiku: Eleonore Nickolay
Foto: Claudia Brefeld

Wenn die letzten Herbstfarben
und die ersten Eiskristalle zusammenfinden,
wenn in der Natur winterliche Stille einkehrt,
ist das Jahresende nicht mehr weit!

Die Redaktion wünscht allen SOMMERGRAS-Lesern einen guten Jahresausklang und ein gesundes und kreatives Jahr 2018!

Impressum

Vierteljahresschrift der Deutschen Haiku-Gesellschaft
30. Jahrgang – Dezember 2017 – Nummer 119

Herausgeber:	Vorstand der DHG Tel.: 040/460 95 479 E-Mail: info@deutschehaikugesellschaft.de
Redaktion:	Claudia Brefeld, Eleonore Nickolay
Titelillustration:	Paul Bernhard
Satz und Layout:	Martina Sylvia Khamphasith

Freie Mitarbeit erwünscht. Ihre Beiträge schicken Sie bitte per

E-Mail an:	Claudia Brefeld, Eleonore Nickolay redaktion@deutschehaikugesellschaft.de
Post an:	Petra Klingl, Wandsdorfer Steig 17, 13587 Berlin

Die Meinung unserer Autoren muss sich nicht immer mit der Meinung der Redaktion decken. Die Beiträge werden von uns sorgfältig geprüft, für die Richtigkeit, Vollständigkeit und Aktualität der Inhalte können wir jedoch keine Gewähr übernehmen.

Einsendeschluss
für die Haiku- und Tanka-Auswahl: 15.01.2018
Redaktionsschluss: 25.01.2018

© Alle Rechte bei den Autoren.
Nachdruck nur mit Genehmigung des Herausgebers gestattet.

Jahresabonnement Inland (inkl. Porto) 45 €
Jahresabonnement Ausland (inkl. Porto) 55 €
Einzelheftbezug Inland (inkl. Porto) 12 €
Einzelheftbezug Ausland (inkl. Porto) 14,50 €
Auslandsversand nur auf dem Land-/Seeweg.

Der Mitgliedsbeitrag beträgt 45 € im Jahr und beinhaltet die Lieferung der Zeitschrift (Inland inkl. Porto, Ausland + 10 € Porto).
Die finanzielle Unterstützung der DHG quittieren wir mit Spendenbescheinigungen.